JN231998

実践につながる
新しい保育の心理学

大浦賢治 編著

Psychology
of new early childhood care
and education

ミネルヴァ書房

はじめに

資源の乏しいわが国において教育が重要であることは、かねてから指摘されてきました。現在の日本があるのは、ひとえに教育の力によるものだといえるでしょう。そして、これまでもよりよい教育を目指してさまざまな教育施策が議論され、実施されてきました。このことはテレビや新聞などで何度も見聞きするところです。

しかしながら、従来からあった校内暴力、いじめ、不登校、中退といった諸問題に加えて、今日では学力低下、貧困、少子化、児童虐待、待機児童、情報通信機器の普及にともなうさまざまな弊害などの事案も目立つようになり、子どもを取り巻く環境には一昔前とは比較にならないほど大きな変化がみられるようになりました。そして、このことは養護と教育を一体とした営みであるところの保育のあり方にも大きく関係しているといえます。

昨今のこうした事態の流れを受けて 2018 年 4 月より幼稚園教育要領、保育所保育指針そして幼保連携型認定こども園教育・保育要領の 3 つが改訂・改定されました。この新たな変化の特徴の一つに、各々の内容やねらいをできるだけ近づけたということがあります。かねてから管轄省庁や法体系の違いがたびたび問題として論じられてきましたが、今後はそうした懸案を克服すべく、幼保一元化が一つの流れとなっていくと思われます。これは、まさに時代の要請によるものであり、歴史的にも大きな意味をもつ一大転換点だといえるでしょう。こうした改訂・改定にいち早く対応すべく、本書は新たな保育士養成課程も考慮しながら特に心理学にまつわる領域を取り上げて、初学者が理解しやすいように解説しています。

心理学を学ぶことの意義として、一つには子どもの心身を科学的に理解し、その知識を活かして養護や教育活動を効果的なものにするという点があげられるでしょう。これから保育を目指す人々にとって、本書では必須の項目が多岐にわたって詳細に取り扱われていますので、保育士になることを望んでいる人はもちろんのこと、幼稚園やこども園の教諭になることを望んでいる人々にも十分に役立つ内容となっています。そして本書の主な特徴は次の通りです。

①　大学、短大、専門学校などで使用されることを想定して全章を 15 章立てとすることにより、教授と学習の便をはかった。

②　理論的な解説にとどまらず、さまざまな事例も示すことにより保育現場ですぐに役立つような実用的な内容を心がけた。

③　平易な文章に努め、また側注、イラストや写真を適宜挿入することにより、心理学を初めて学ぶ人でも理解しやすく、興味がもてるような工夫をこらした。

　このように本書は、読者の子どもに対する理解の助けが最大となるように執筆されています。解決が困難な問題が山積する現代社会のなかにおいて、本書を読まれる人々が少しでも心理学に興味をもち、その内容を十分に理解するとともに、学んだ知識を実際の保育現場で大いに活用されること、そしてさらにその成果として、日本の将来を担う子どもたちがより幸福になることを願ってやみません。

2019 年 2 月

編著者　大浦賢治

目　次

第 1 章

子どもの発達を
理解することの意義

近年、科学技術の発展、家族や人生観など価値観の多様化、また海外とのインターネットを通じた交流などによって人々を取り巻く環境は目まぐるしく変化しています。この章では、そうしたなかで子どもが直面している諸問題と、その解決のために保育者が子どもの発達について理解することの意義を学びます。

第1節
子どもに関わるかずかずの諸問題

学習のポイント
子どもの最善の利益になる関わり方をするためには、まず何が問題なのかということを理解することが必要です。ここでは現代の子どもが直面している状況を把握しましょう。

　現代社会はめざましく進歩しています。科学技術に関していえば半世紀前には想像もつかなかった夢物語が現実のものとなっています。こうしたなかで、子どもを取り巻く環境も大きく変化してきました。いや、科学技術だけではありません。たとえば家族観や人生観、職業観なども含めたさまざまな価値観の変貌があり、これまでに前例のない時代に突入したといってよいでしょう。このような社会において現代の子どもたちが直面するかずかずの問題があります。それらを1つずつみていきましょう。

1　ICTの普及

① ICTのプラス面

　日常生活においてこれまでとは大きく変化したものとして、まずICTの普及があげられるでしょう。ICTとは Information and Communication Technology の略であり、日本語では「情報通信技術」と訳されているものです。皆さんが日ごろ使っているパソコン、ケイタイ、スマホ、タブレットなどもこのICTの具体例です。最近では小さな子どもでもスマホやタブレットで遊んだり、これをいじったりすることが珍しくありません。文部科学省はこれを積極的に学校教育のなかに導入しようとしています。実際にパソコンやタブレットなどを使用して学習することにはさまざまな利点があります。

　たとえば、自分のペースで勉強ができること、好きな時間に繰り返してゲーム感覚で練習ができること、仮に解答を何度間違ったとしても他人の目を気にせずに伸び伸びと勉強ができることなどがあげられるでしょう。さらには発達に何らかの障害のある子どもに対してもこのICTは有効なツールとして期待されています。

コトバ

ICT
以前よく使われていた言葉 IT(Information Technology) とほぼ同じ意味であるが、現在では国際的に ICT が広く使用されている。ICT を活用した教育に関しては、日本よりも海外諸国（たとえば英国や韓国など）のほうが進んでいる。

② ICT のマイナス面

　子どもの教育はなるべく早くからしたほうが好ましいとたびたびいわれてきました。その典型的なものは教育に関わる3歳児神話でしょう。これは、3歳ごろまでに受けた教育によってその子どもの学力、知性などが大きく左右されるという考え方です。皆さんも胎教といって、「赤ちゃんがまだ母親のおなかのなかにいるうちからモーツァルトの曲などを聞かせればよい」といった話をどこかで聞いたことがあるかもしれません。このために ICT を幼少期から活用することは、子どもの能力を伸ばすために一見すればよいことのように思われます。最近ではタブレットを導入して子どもたちに「お絵かき」をさせる幼稚園も現れました。しかしながら、この3歳児神話に対しては賛否が分かれており、現在のところまだ結論が出ていません。この問題の解決のためには、これまで以上に科学的な知見が必要とされています。

　さらに、ICT はよいことばかりとは限りません。以前からテレビ、パソコン、スマホなどの使用が身体に何らかの悪い影響を与えると指摘されてきました。たとえば、インターネットに夢中になるばかりになかなかやめられなくなり、ネット依存という状況におちいり、未成年の飲酒や喫煙につながるということが指摘されています（朝日新聞, 2017）。

　また、パソコンやケイタイなどの長時間の使用によって、せっかく勉強してもテストの成績が悪くなることが明らかとなりました（川島, 2018）。以上の通り、中学生や高校生に対してこうした電子機器は悪影響があるということがわかったのです。ましてやまだ脳が完全にできていない乳幼児にスマホやタブレットなどをもたせて子守代わりにするようなことなどには、大きな問題があると考えられます。これは、脳科学や心理学の観点から慎重に検討すべき課題でしょう。

2　世界的にみられる少子化の傾向

① 少子化の現状

　少子化は以前から問題となっています。これは、先進国を中心にして世界的にみられる傾向です。内閣府の平成29年度少子化社会対策白書によれば、「2015（平成27）年の出生数は、100万5,677人であり、前年の100万3,539人より2,138人増加した」とのことです。しかし出生数の低い傾向は依然として変化がなく、厚生労働省の平成29（2017）年人口動態統計の年間推計によれば、出生数は大きく減少して94万1,000人となり100万人を割っています。

コトバ

3歳児神話

生まれてから3歳までの期間は、子どもの健全な成長にとって重要な時期であるとする考え方であり、主に2つの意味合いをもっている。一つは、ICT と関わりのある側面であり、3歳までに適切な教育を施すことによって、子どもの能力をおおいに伸ばすことが可能であるとする考え方である。そして、もう一つは主に保護者との絆と関わりのある側面であり、特に実母の関わり方が子どもの将来に影響を与えるとする考え方である。

コトバ

少子化

少子化が深刻化しており、社会で活躍する労働力の減少を補うためにさまざまな施策がなされているが、歯止めがかからない状況になっている。最近では外国人労働者の受け入れを以前より緩和しようという動きもみられている。

この背景には全般的に晩婚化、非婚化の進行があります。その原因としてたとえば非正規雇用など不安定な条件のために結婚したくてもできない人が増加していることなどがあります。行政機関からはさまざまな対策が検討されてはいるものの、以前と比較してみれば地域社会から子どもの歓声が少なくなっているというのが現状であると思われます。東京都内でも全学年1組しかないという小学校も存在しています。つまり、そのような学校では1年生から6年生になるまでクラス替えというものがなく、さまざまな人と関わり合うという機会が限られてしまうわけです。こうした流れを受けて一部の地域などでは学校が廃校になったり、ほかの学校と統合されたりする事例もみられます。

② こども同士の関わりの重要性

子どもはおおむね4、5歳ごろから鬼ごっこなどのような集団遊びをするようになります。そこで保育所や学童保育などでは、異年齢の子どもを一緒にすることで子ども同士が関わり合いをもてるように工夫しているところもあります。しかし、子どもにとっては、きょうだいがいなかったり、同じ学年の友だちが少なかったり、一緒に活動する友だちがいつも同じであったりする場合もでてきます。

また、さらにスマホやケイタイなどを相手にする機会が増えることにより、実際に人と接する機会がその分だけ希薄になってしまうかもしれません。最近、学校で友だちとうまく付き合えない、あるいは関わり方がわからないといった悩みを抱える子どもが増えています。こうしたことから子ども同士の適切な関わり方や、ほかの子どもと関わり合うことの意義について理解を深め、一人ひとりの子どもと接していくことが大切になるでしょう。

3　児童虐待の増加

最近、新聞やテレビなどでよく取り上げられる大きな問題として児童虐待があります。厚生労働省の資料によれば、その相談対応件数は年々増加しており、2015（平成27）年には10万件を突破し、2016（平成28）年には12万件以上に上っています（図1-1）。

児童虐待には身体的虐待（殴る、けるなど）、心理的虐待（罵声、暴言を浴びせるなど）、ネグレクト（育児放棄など）、性的虐待（児童ポルノなど）の4つがあります。児童虐待は子どもの心身に悪影響を及ぼすものであり、絶対にしてはいけないことです。しかしながら、その加害者のなかで一番多いのが実母なのです。血のつながらない継母が父親の

コトバ

児童虐待

児童虐待では、心理的虐待が全体の約7割を占めている。子どもは、たとえ虐待を受けていたとしても「されている」ことの意味がわからなかったり、「悪い子だから」と自分を責めたり、親をかばったりするために、なかなか実態がみえにくいことがある。子どもが虐待を受けている可能性がある場合は、躊躇せず児童相談所などに通報する必要がある。

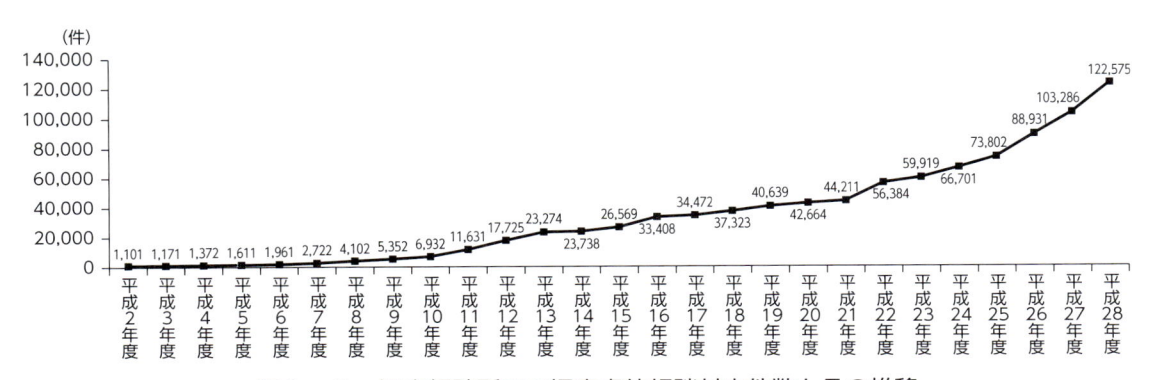

図1−1　児童相談所での児童虐待相談対応件数とその推移

出所：厚生労働省「平成 29 年度 児童相談所での児童虐待相談対応件数」

連れ子に虐待をすることのほうが、虐待の件数として多いと思われがちですが、実際には自分のおなかを痛めた愛おしいはずのわが子を虐げる実母の数のほうが多いのです。これはどうしてでしょうか。

その原因としてはいろいろなことが指摘されています。たとえば、核家族化のために育児のことで相談できる祖父母が近くにいないこと、家事と育児の負担が大きいこと、会社の倒産やリストラなどで父親が居場所を失い母親に不満をぶつけ、さらには母親が子どもに八つ当たりをすること、子どものころに暴力を受けて育ったために、しつけのつもりで同じようにわが子に暴力をふるってしまうこと、などがあげられます。

そのほかには「精神疾患を患った子どもが暴れてしまうから」という理由で檻のなかに何年も閉じ込めていたという大阪の寝屋川市で起きた事件もありました（2017 年末発覚）。痛ましい虐待を繰り返さないように社会全体がこの問題と向き合う必要があります。そして虐待を受けた子どもに対しては適切な心身のケアが必要でしょう。

4　発達支援の必要な子ども

発達障害とは脳の機能に何らかの問題があって生じる障害のことです。発達障害には、他人とのコミュニケーションが上手にできない、じっとしていることが難しいなどいくつかの症状がありますが、人によってその程度は一様ではありません。以前は、重度の心身障害などと比較して外見上はごく普通にみえたために軽度発達障害とよばれていました。しかしながら、本人にしてみればけっして障害が軽いというわけではありません。毎日辛い思いをしている人がなかにはいるかもしれません。こうしたことから障害に対する誤解をなくすために「軽度」という文字が取り払われました。

コトバ

発達障害

発達障害の場合、その子どもの脳には何らかの機能的な問題があると考えられるので、叩いたり、叱ったりして行動を矯正することは不適切である。個々の障害の種類や程度によっても子どもの症状はさまざまであり、一人ひとりに合った支援が求められる。

最近、発達に何らかの課題を抱える子どもが増加しています（図 1 － 2）。しかし、これらの人々はけっしてふざけているのでも、また怠けているのでもありません。他者に対して何ら悪気があるわけではなくて、主として遺伝的なことが原因で起こるさまざまな機能障害のために、生活に何らかの困難をきたしているのだと考えられています。ですから、そうした人々を適切に支援していくためには個々の状況に合わせた対応が求められています。またその支援は幼少期のなるべく早い段階から開始することが大切だと考えられています。

文部科学省は、発達に何らかの障害がある子どもを対象として 2007（平成 19）年 4 月から特別支援教育を「学校教育法」のなかに位置づけました。それから約 10 年が経ちましたが、支援が十分になされているというわけではありません。特に保幼小連携の体制はまだ完全に確立されておらず、発達障害に対する保護者の無理解も相まって、子どもの障害に関する情報の引継ぎに問題のあるケースがみられます。発達に障害のあるこうした子どもに対して適切な支援をするためには、社会全体の理解を深めながらその対処方法を考えていくことが大切です。

重要!!

特別支援教育

障害のある児童生徒一人ひとりの教育的ニーズを満たすことなどを目的として実施されている。その中心となるのは「特別支援教育コーディネーター」とよばれる人であり、関係機関や保護者との連携および調整などを行っている。

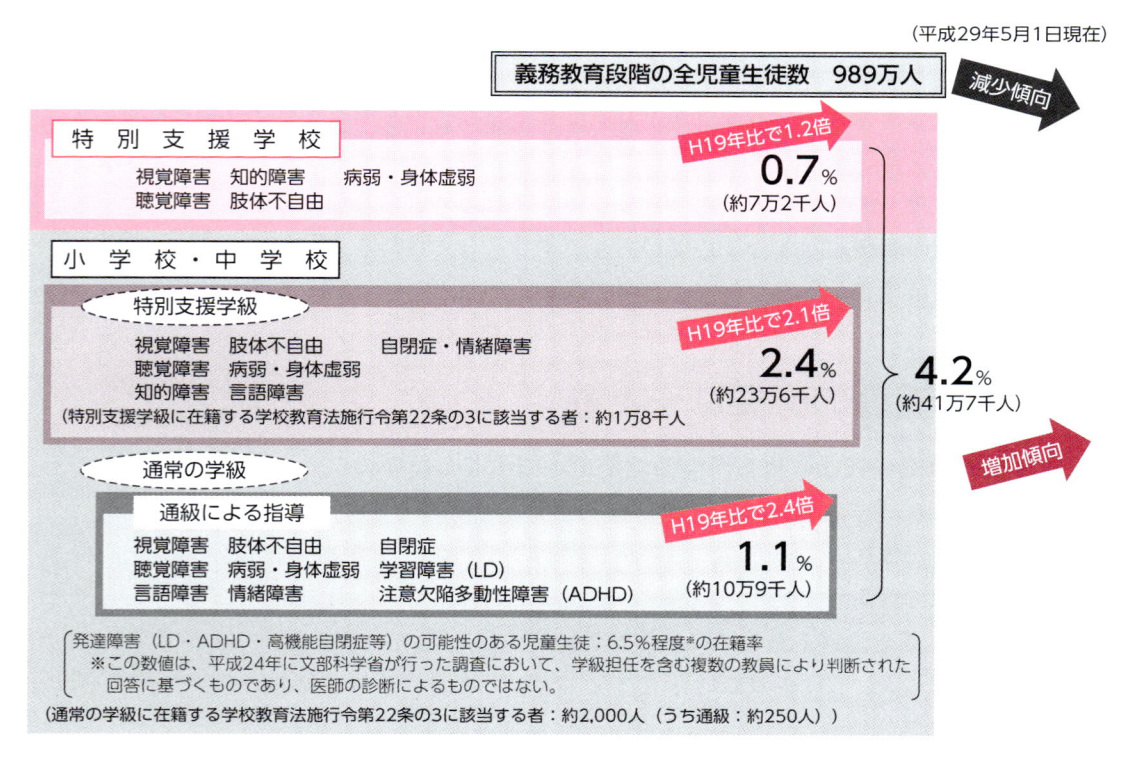

図 1 － 2　特別支援教育の概念図（義務教育段階）

出所：『平成 29 年度　文部科学白書』

5　学校になじめない子ども

1 長引くひきこもりの危険性

　以前から小中学校における不登校や高等学校における中退が問題となっています。こうしたいわゆる学校不適応は、いじめ、友人関係、学業不振、教員に対する不信感、非合理的で厳しすぎる校則などが原因と考えられています。しかし、高校を中退すると就職が難しくなり将来的に生活が不安定になる可能性があります。また、学校や会社をやめることが原因で起こるひきこもりは長期化することもあります。最近では、無職で50代の中高年のひきこもりの子どもを80代の高齢の親が自分の年金で支えるという8050問題が注目を集めています。

　文部科学省は学校にカウンセラーやメンタルフレンドとよばれる人たちを配置するなどして悩みを抱えた子どもに寄り添う姿勢を示しています。また、日本各地にフリースクールといった学びの機会を提供する人がいて、多くの子どもたちが支援を受けています。しかし、問題の解決は容易ではありません。

2 小1プロブレム

　不登校などの問題と関連して幼児・児童期に特有の問題として小1プロブレムがあります。小1プロブレムとは、小学校に入学したばかりの子どもが授業中に勝手に歩き回ったり、先生の話を聞かなかったり、あるいは騒ぐなどして集団行動がとれないような状態をいいます。極端な場合には、子どもが教員に暴力をふるったり、指示に従わなかったりして授業がまったく成り立たないこともあります。

　この原因としては、家庭でのしつけが十分になされていないこと、遊びが中心の保育所での生活から学びが中心の学校生活への移行がスムーズに行われないこと、教員の指導力の欠如などがあげられています。最近では、これらに加えて在日外国人の子どもが入学した際に直面する言葉の問題など、日本での生活の適応のしかたが問題となっています。

　以上みてきた通り、今日の子どもを取り巻く状況は実に困難であるといえます。現在、日本には保育所、幼稚園、認定こども園という異なる3つの種類の幼児教育施設があります。では、こうした諸問題に対して保育所や幼稚園、認定こども園をそれぞれ管轄する厚生労働省と文部科学省、内閣府は、どのような方針を打ち出しているのでしょうか。次の節でそれらをみてみましょう。

コトバ

ひきこもり
学校や会社に行かずに自宅にひきこもり、家族以外の人との接触がほとんどない状態が6か月以上続いた状況。

コトバ

小1プロブレム
以前は学級崩壊の一種と考えられていたが、もともと集団が形成されていない状況でも発生することから別種のものと考えられている。

第2節
平成30年の保育所保育指針や幼稚園教育要領における改訂の要点

学習のポイント
新しく改訂された保育所保育指針や幼稚園教育要領などの特色を知ることにより、これからの保育や幼児教育の方向性について理解を深めましょう。

　乳幼児から就学前の子どもにとって保育はとても重要です。それは人間形成の基礎になるからです。保育とは養護と教育が一体となった営みであり、どちらか一方だけで成立するものではありません。これに関して汐見・無藤（2018）は、平成30年から施行された保育所保育指針、幼稚園教育要領、幼保連携型認定こども園教育・保育要領の改訂・改定の大きなポイントは、3つのタイプの幼児教育施設を対等・同等にすることにより同様の教育成果を達成することであると指摘しています。汐見・無藤はこれら3つの幼児教育施設の特色についても解説していますので、ここではその主なポイントを以下の通りに整理しました。

①保育所保育指針に関して

　保育所は幼稚園などとともに幼児教育の一翼を担う施設として位置づけられるものである。3歳未満の時期は、子どもの心身発達の基盤が形成される重要な時期であるので、この時期の保育の意義をこれまでよりも明確にし、その内容について一層の充実を図る必要がある。子どものアレルギー疾患への対応や保育中の事故を防止するために食育の推進や安全な保育環境などを中心とした記載内容の見直しとさらなる充実を図ることも大切であり、保護者や家庭、地域社会との連携を図りながら子育て支援を実施する。さらに、保育所における職員の資質向上を体系的、組織的にするために方向性や方法などを明確にする。

②幼稚園教育要領に関して

　現行の幼稚園教育要領における5領域（健康、人間関係、環境、言葉、表現）を踏まえながら「知識及び技能の基礎」「思考力・判断力・表現力等の基礎」「学びに向かう力、人間性等」の3点を明示し、遊びを通して一体的な指導を実施する。5歳児修了時までに育ってほしい具体的な姿としては、「健康な心と体」「自立心」「協同性」「道徳性・

規範意識の芽生え」「社会生活との関わり」「思考力の芽生え」「自然との関わり・生命尊重」「数量や図形、標識や文字などへの関心・感覚」「言葉による伝え合い」「豊かな感性と表現」を明示して幼稚園での学びが小学校と共有されるように推進する。さらに、これまでの幼稚園教育要領の趣旨を引き継いだうえで、保育所や認定こども園とも共通した幼児教育としてのあり方を明確にする。また、小学校以上の学校教育との連続性を明確にする。

③認定こども園に関して

　幼稚園教育要領や保育所保育指針との整合性を確保する必要がある。そして、条件がさまざまに異なる子どもとその保護者のためにきめ細やかな配慮をしなければならない。「知識及び技能の基礎」「思考力・判断力・表現力等の基礎」「学びに向かう力・人間性等」を乳幼児期にふさわしい生活を通して確実に育むことも重要である。0歳から小学校就学前までの園児が在園するのが原則であり、どの園児にも平等な保育と教育を実施するが、特に満3歳以上では1日4時間程度の学校教育を行う。専門職としての保育教諭、看護師や保健師、栄養教諭や栄養士などが一体となって子育てを支援していき、認定こども園における教育および保育と小学校教育との円滑な接続を図ることが求められる。

　以上のことから、対象とする子どもの年齢層が若干異なるためにまったく同じというわけではないものの、保育所、幼稚園、認定こども園の果たす役割は、徐々に同じ機能を果たす方向へ進んでいるといえるでしょう。

　以前から厚生労働省と文部科学省という行政上の管轄の違いによって保育所と幼稚園の間で内容に関して多少の相違がみられました。しかし、保育所も幼稚園もその内容に著しい違いがあると就学してから子どもにかえって不利益があると考えられます。したがって、こうした一連の流れは時代の要請によるものであり、むしろ当然の帰結であるといえるでしょう。

　保育所や幼稚園では、その場所独自の保育や教育方針があって当然ですが、全体の流れのなかで歩調を合わせていくことが求められているわけです。

コトバ

認定こども園

幼稚園と保育所が連携して取り組む「幼保一体型」、幼稚園が保育所的機能を付加する「幼稚園型」、保育所が幼稚園的機能を付加する「保育所型」、自治体が独自に認定する「地方裁量型」の4タイプがある。

求められる保育者像

変化の激しい現代社会においていつの時代にも求められる保育者像とは、いったいどのようなものでしょうか。ここでは、その理想像について考えます。

1 職員の資質を向上させるために

　かずかずの諸問題を抱える昨今の状況のなかで、どのような保育者が求められているのでしょうか。たとえば、保育所保育指針の第5章「職員の資質向上に関する基本的事項」のなかでは、以下の点が記されています。

（1）保育所職員に求められる専門性

　子どもの最善の利益を考慮し、人権に配慮した保育を行うためには、職員一人一人の倫理観、人間性並びに保育所職員としての職務及び責任の理解と自覚が基盤となる。

　各職員は、自己評価に基づく課題等を踏まえ、保育所内外の研修等を通じて、保育士・看護師・調理員・栄養士等、それぞれの職務内容に応じた専門性を高めるため、必要な知識及び技術の修得、維持及び向上に努めなければならない。

　以上のことから、保育士や幼稚園教諭になることを将来希望する人は、高い倫理観や責任感、保育者としての使命感をもって子どもと接しなければならないことがわかります。よりよい保育を行うために保育者は日ごろから自分の資質を高める必要があるのです。

　たとえば、もしもある子どもが保育所の職員や、その子どもの親から「しつけ」と称して日常的に殴る、けるなどの暴力を受けていたとします。これと同様の事例は実際に新聞やニュースなどで何度も見聞きしたことがあると思います。このような身体的虐待の場合、その子どもは心身にどのような影響を受けるでしょうか。

2　暴力ではなく理解すること

1 身体的虐待を受けた子どもへの影響

　身体的虐待を受けた子どもが受ける心身への影響に関して、友田・藤澤（2018）は、脳の画像診断から児童虐待が成長過程にある脳自体の機能や精神構造に対して、長期的に負の影響を与えることを指摘しています。また、池谷（2019）によれば脳の神経細胞は非常にダメージに弱く、手でげんこつをつくって頭を軽くコツンと叩いただけでも、そのたびに数多くの神経細胞が死滅します。以前は、学校において日常的に体罰が行われていた時期もありました。特に 1970 年代から 1980 年代にかけては体罰や内申書といった教師からの不当な圧力によって多くの子どもの主体性や個性、人権が著しく侵害され、その反動として校内暴力、非行、不登校、退学などの諸問題を引き起こす原因にもなりました。

　しかし、人間は暴力によってサーカスの動物のように調教されるべき存在ではありません。それでは教育をしたことにはならないでしょう。「しつけ」と称する単なる虐待や体罰に限らず子どもが抱える諸問題に対して保育者や教育者は間違った方法によって子どもの可能性や人間としての尊厳を損なうことがあってはならないのです。子どもの行動を変容させるには、暴言や暴力によるのではなくて、その子ども自身をまず理解することから始めなければなりません。

2 カウンセリングマインドの必要性

　子どもはその成長のなかで、ときとして、さまざまな問題に遭遇します。このようなときに、保育者がもつべき心構えがカウンセリングマインドです。これは、アメリカの心理学者であるロジャーズによって提唱された「来談者中心療法」に由来するものであり、文部科学省もこれを重視しています。保育者には子どもやその保護者の置かれた状況を理解する受容や共感が必要なのです。

　たとえば、子どもが親に対して「嘘をつく」という行為がみられたとします。これまで子どもに無理解な親や教師は、子どもが悪いことをしたからといってこれを体罰に結びつけてきたわけです。しかし、その子どもにとってはそれが「嘘」ではない可能性があります。その行為は記憶力がまだ十分備わってないからなのかもしれません。現実と空想の区別がまだ完全にできないからなのかもしれません。あるいは何らかの発達障害があるからなのかもしれません。いずれにしても子どもと関わるときは、大人の尺度で子どもを測ろうとするのではなく、また暴力によって外発的に行動を変容させようとするのではなくて、その子ども自身の

コトバ

体罰

教育のためと称してなされる体罰には殴る、けるといったものが代表的である。このほかに正座で授業を受けるように教師からいわれた児童がしばらくしてから苦痛を訴えたにもかかわらず、そのままの姿勢を保持させるような行為も体罰に含まれる。

コトバ

カウンセリングマインド

これは学術用語としての明確な定義がなく、立場の違いなどによって意味内容が異なるものであるが、傾聴することにより、相手の気持ちに寄り添う点では共通している。

身になって子どもの目線で物事を考えることが大切なのです。

　これまで ICT や学校不適応など子どもを取り巻くさまざまな問題についてみてきましたが、子どもの健全な育成のためには、まず、子どもの心身の発達について理解することが重要なのです。そのうえで、その子どもの最善の利益のためにそれに応じた働きかけをしていくことが大切なわけです。そして、このことが子どもの発達を理解することの意義であるといえるでしょう。ここで、最後に児童虐待の 1 つであるネグレクトに対して保育者が関わった事例をみていきしょう。

事例　ネグレクトに対する 2 人の保育士の関わり方

　内田（2017）によると、1972 年にある町で 2 人きょうだいの姉 F ちゃんと弟 M ちゃんが住宅の外廊下の物置に放置されているのがみつかりました。2 人はそれぞれ 6 歳と 5 歳でしたが、救出時には言葉がしゃべれず、歩くこともできず、身体発達の面からみれば、1 歳程度（ともに体重 8kg、身長 80cm）という状況でした。

　そこで、この 2 人に対してさまざまな形で支援がなされました。その後、姉の F ちゃんのほうは順調に回復したのです。ところが、弟の M ちゃんのほうは保育士になつこうとせず、きょうだい 2 人の間で言語や対人関係の回復程度の違いが著しい状況だったのでした。しかしながら、その後 M ちゃんの担当保育士を別の人に替えたところ、M ちゃんは新しい保育士との間で非言語的なやりとりをするようになり、対人関係が改善され、しだいに認知や人格、言語の回復が加速されたというのです。こうして一見回復不可能に思われていた子どもは変化したのです。

　M ちゃんに関する事実からわかる通り、子どもの成長にはその関わり方がいかに大切であるかということがいえるでしょう。このように子どもを理解することからよりよい保育が可能となるわけです。

　次章からは本格的な心理学の話が出てきます。しっかりと自分の学びを深めてください。そして、子どもたちのために本章の冒頭であげた困難な諸問題に対処する力をぜひ養ってください。

演習課題

① 子どもを取り巻く最近の問題点をまとめてみましょう。
② 自分の子ども時代と現在の子どもを比較してみて、両者の相違点と
　 共通点について考えてみましょう。

【引用・参考文献】

朝日新聞　「中高生ネット依存×飲酒・喫煙傾向リンク」　5 月 11 日　夕刊　2017 年

池谷裕二　『記憶力を強くする　最新脳科学が語る記憶のしくみと鍛え方』　講談社　2019 年

内田伸子　『発達の心理　言葉の獲得と学び』　サイエンス社　2017 年

大浦賢治　「ゼロトレランスかカウンセリングか」『早稲田大学大学院教育学研究科紀要
　　別冊 17-2』　121-132　2010 年

川島隆太　『スマホが学力を破壊する』　集英社新書　2018 年

厚生労働省　「平成 29 年度　児童相談所での児童虐待相談対応件数」
　　http://www.mhlw.go.jp/file/06-Seisakujouhou-11900000-Koyoukintoujidoukateikyoi
　　ku/0000187635.pdf（2018 年 11 月 8 日アクセス）

厚生労働省　「平成 29 年告示　保育所保育指針」

厚生労働省　「平成 29 年（2017）　人口動態統計の年間推計」
　　http://www.mhlw.go.jp/toukei/saikin/hw/jinkou/suikei17/dl/2017suikei.pdf（2018 年 6
　　月 11 日アクセス）

汐見稔幸・無藤　隆　『〈平成 30 年施行〉保育所保育指針　幼稚園教育要領　幼保連携型認
　　定こども園教育・保育要領 解説とポイント』　ミネルヴァ書房　2018 年

友田明美・藤澤玲子　『虐待が脳を変える　脳科学者からのメッセージ』　新曜社　2018 年

内閣府　「平成 29 年度版 少子化社会対策白書 第 1 章 少子化をめぐる現状」　2017 年
　　http://www8.cao.go.jp/shoushi/shoushika/whitepaper/measures/w-2017/29pdfgaiyoh/
　　pdf/s1-1.pdf（2018 年 4 月 29 日アクセス）

藤永　保監修　『最新　心理学事典』　平凡社　2013 年

森上史朗・柏女霊峰編　『保育用語辞典 第 8 版』　ミネルヴァ書房　2015 年

文部科学省　『平成 29 年度文部科学白書』　2018 年

第2章

子どもの発達と環境

子どもは生まれてから徐々に言葉を覚え、身の回りのことができるようになります。では、何が発達の要因になっているのでしょうか。この章では、子ども自身がもつ遺伝的性質だけではなくて、身の回りの環境が発達に重要な働きをしていることを学びます。

発達の原則とその特徴

ポルトマン
Adolf Portmann
(1897-1982)
スイスの動物学者であり、ほかの動物との比較を通しながら人間の特殊性について検討した。

コトバ

生理的早産説

巣のなかでヒナが親鳥に育てられる状況を就巣性、ヒナが羽化してからすぐに巣を離れて活動する状況を離巣性という。ウマやサルの場合、出生直後から立ち上がったり、親と同様な行動をとったりするので離巣性の形態をとるといえる。人間の場合は親の養育がなければ生きていけないため、人間の状況は二次的就巣性であるといわれている。これは、ほかの動物と比較して脳が大きくなったために離巣性の形態をとると出産するのが困難になるからだと考えられている。このことから、人間の出生は生理的早産であると主張された。

1　発達の起源と原則

　ここでは、まず一般的な発達の起源と原則について考えましょう。ポルトマンは人間のもともとの妊娠期間は 22 か月であるとしています。これは人間以外の動物との比較から得られた結論です。つまり、人間は誰でも生理的には早産の状態で生まれてくるというわけです。したがって、生後約 12 か月はもともと母親の胎内にいなければならない時期なのです。そして、これを生理的早産説といいます。

　人間の誕生がそのような形をとる理由としては、本来の妊娠期間である 22 か月になるまで母親の体内に子どもが留まることが困難であることなどが考えられています。つまり、受精してから人間が誕生する 10 か月という時点は、子どもと母親の命が共に助かるためのギリギリのタイミングというわけです。そして、誕生した乳幼児は次に示す原則によって成長していきます。

① 連続性

　発達にはおおよその段階や区別がありますが、発達それ自体は途中で途切れたり、まったく別のもの変わったりするのではなくて連続性を有しています。また、その連続には急速に発達する時期と緩慢な時期があり、その速度は一定ではありません。たとえばスキャモンは全身のさまざまな器官を 4 つに分類したうえで、その発達する時期や速さがそれぞれ異なることを明らかにしました（第 5 章参照）。

② 順序性

　子どもが成長する場合、たとえば、首がすわる、指差しした方向に目を向ける、つかまり立ちをする、よちよち歩きを始めるなど子どもの発達する能力には必ず一定の順序がともないます。発達には段階性があり、ある段階を抜かして、あるいは飛び越えて発達するということはありません。必ず一定の順序にしたがって発達していきます。

③ 方向性

　発達には方向性もあります。具体的には頭部から胴体、手足、指先へというように中心部から周辺部へと発達が進んでいきます。その方向はあらかじめ決まっています。

④ 異速性

　発達のスピードは身体のどの部分でも皆同じというわけではありません。思春期になると急激に男女の性差が明確になるように、また脳内で形成されるシナプスが生後３年までの間に急激に増加するように、発達のスピードは身体の各部位によってそれぞれ異なる特徴をもっています。

⑤ 分化と統合

　最初は手のひらで玩具を取ろうとするなど、もともと未分化な状態であったものが、しだいに指を１本ずつ動かすことができるようになります。そして、さらに必要な指だけを使って玩具を取ることができるようになります。このように発達には分化と統合の性質があります。

⑥ 相互関連性

　発達は身体の各機能が互いに影響しながら進んでいきます。たとえば運動機能が発達するにつれて子どもは行動範囲が広がり、外の世界に対する関心が高まります。さらに仲間同士で徐々に集団遊びをするようになっていきます。そして、そのことが協調性や忍耐強さなど心の発達に結びついていきます。

⑦ 個人差

　発達には遺伝的要因と環境的要因などが影響するために個人差があります。また個人のなかでもある分野には強いけれど、ある分野には弱いといった機能面での差がみられることがあります。したがって子どもの保育をする場合は、一人ひとりの状況をよく理解しながらその子どもに合わせた支援をしていく必要があります。

2　誕生から就学前までの発達的な特徴

　では、次に誕生から就学前までの発達的な特徴をみていきましょう。以下に示すものは、この度改訂された新しい保育所保育指針では省かれていますが、2008（平成20）年に告示された保育所保育指針の第２章に示されている誕生から就学前までの子どもの発達の特徴です。よくまとめられたものですので、年齢ごとの違いに注意してみていきましょう。この詳細については、第９章と第10章で学びます。

コトバ

シナプス
神経細胞同士の結合部のこと。情報などを伝達するのに重要な部分である。

1 おおむね6か月未満

　誕生後、母体内から外界への急激な環境の変化に適応し、著しい発達が見られる。首がすわり、手足の動きが活発になり、その後、寝返り、腹ばいなど全身の動きが活発になる。視覚、聴覚などの感覚の発達はめざましく、泣く、笑うなどの表情の変化や体の動き、喃語などで自分の欲求を表現し、これに応答的に関わる特定の大人との間に情緒的な絆が形成される。

　この時期は、生後2か月ごろに首がすわり、目の前で動くものを追視するようになります。そして5、6か月ごろになると寝返りもできるようになっていき、全体的に体の動きが活発になっていきます。

2 おおむね6か月から1歳3か月未満

　座る、はう、立つ、つたい歩きといった運動機能が発達すること、及び腕や手先を意図的に動かせるようになることにより、周囲の人や物に興味を示し、探索活動が活発になる。特定の大人との応答的な関わりにより、情緒的な絆が深まり、あやしてもらうと喜ぶなどやり取りが盛んになる一方で、人見知りをするようになる。また、身近な大人との関係の中で、自分の意思や欲求を身振りなどで伝えようとし、大人から自分に向けられた気持ちや簡単な言葉が分かるようになる。食事は、離乳食から幼児食へ徐々に移行する。

　この時期は、はいはいからつかまり立ち、そしてつたい歩きができるようになっていきます。また、5、6か月ごろから離乳食を開始します。母親的存在との間で愛着が形成されていきます。

3 おおむね1歳3か月から2歳未満

　歩き始め、手を使い、言葉を話すようになることにより、身近な人や身の回りの物に自発的に働きかけていく。歩く、押す、つまむ、めくるなどさまざまな運動機能の発達や新しい行動の獲得により、環境に働きかける意欲を一層高める。その中で、物をやり取りしたり、取り合ったりする姿が見られるとともに、玩具等を実物に見立てるなどの象徴機能が発達し、人や物との関わりが強まる。また、大人の言うことが分かるようになり、自分の意思を親しい大人に伝えたいという欲求が高まる。指差し、身振り、片言などを盛んに使うようになり、二語文を話し始める。

　歩行が可能となり、徐々に活動範囲が広がっていきます。周囲の人へ

の興味も高まり、またコミュニケーションも豊かになっていきます。

④ おおむね2歳

歩く、走る、跳ぶなどの基本的な運動機能や、指先の機能が発達する。それに伴い、食事、衣類の着脱など身の回りのことを自分でしようとする。また、排泄（せつ）の自立のための身体的機能も整ってくる。発声が明瞭（りょう）になり、語彙（い）も著しく増加し、自分の意思や欲求を言葉で表出できるようになる。行動範囲が広がり探索活動が盛んになる中、自我の育ちの表れとして、強く自己主張する姿が見られる。盛んに模倣し、物事の間の共通性を見いだすことができるようになるとともに、象徴機能の発達により、大人と一緒に簡単なごっこ遊びを楽しむようになる。

体の動きを自分自身で制御できるようになります。また、自己主張もするようになり、ときには親のいうことを聞かない状況もでてきます。

⑤ おおむね3歳

基本的に運動機能が伸び、それに伴い、食事、排泄（せつ）、衣類の着脱などもほぼ自立できるようになる。話し言葉の基礎ができて、盛んに質問するなど知的興味や関心が高まる。自我がよりはっきりしてくるとともに、友達との関わりが多くなるが、実際には、同じ場所で同じような遊びをそれぞれが楽しんでいる平行遊びであることが多い。大人の行動や日常生活において経験したことをごっこ遊びに取り入れたり、象徴機能や観察力を発揮して、遊びの内容に発展性が見られるようになる。予想や意図、期待を持って行動できるようになる。

まわりの人との関わりが以前にも増して強まりますが、この時期は友だちと一緒に何かの目標をもって行動するような動きはまだみられません。

⑥ おおむね4歳

全身のバランスを取る能力が発達し、体の動きが巧みになる。自然など身近な環境に積極的に関わり、様々な物の特性を知り、それらとの関わり方や遊び方を体得していく。想像力が豊かになり、目的を持って行動し、つくったり、かいたり、試したりするようになるが、自分の行動やその結果を予測して不安になるなどの葛藤（かっとう）も経験する。仲間とのつながりが強くなる中で、けんかも増えてくる。その一方で、決まりの大切さに気付き、守ろうとするようになる。感情が豊かになり、身近な人の気持ちを察し、少しずつ自分の気持ちを抑えられたり、我慢ができるようになってくる。

コトバ

葛藤

心のなかに同時に相反する2つの欲求が存在し、どちらにすればよいのか決められないような心的状態のこと。

　毎日の生活のなかで相手の気持ちを思いやったり、自分の気持ちを我慢したりするように心がしだいに成長していきます。また、自分の行動に対してその結果も考えることができるようになっていきます。

7 おおむね5歳

　基本的な生活習慣が身に付き運動機能はますます伸び、喜んで運動遊びをしたり、仲間とともに活発に遊ぶ。言葉により共通のイメージを持って遊んだり、目的に向かって集団で行動することが増える。さらに、遊びを発展させ、楽しむために、自分たちで決まりを作ったりする。また、自分なりに考えて判断したり、批判する力が生まれ、けんかを自分たちで解決しようとするなど、お互いに相手を許したり、異なる思いや考えを認めたりといった社会生活に必要な基本的な力を身に付けていく。他人の役に立つことを嬉しく感じたりして、仲間の中の一人としての自覚が生まれる。

　この時期は、善悪の判断ができてくるようになります。社会的なルールも理解できるようになり、集団行動が増えていきます。

8 おおむね6歳

　全身運動が滑らかで巧みになり、快活に跳び回るようになる。これまでの体験から、自信や、予想や見通しを立てる力が育ち、心身ともに力があふれ、意欲が旺盛になる。仲間の意思を大切にしようとし、役割の分担が生まれるような協同遊びやごっこ遊びを行い、満足するまで取り組もうとする。様々な知識や経験を生かし、創意工夫を重ね、遊びを発展させる。思考力や認識力も高まり、自然事象や社会事象、文字などへの興味や関心も深まっていく。身近な大人に甘え、気持ちを休めることもあるが、様々な経験を通して自立心が一層高まっていく。

　思考力や認識力が高まるにつれて就学への心身の準備も整っていきます。以前にも増して社会性が身についてくることにより友だちとの間で仲間意識も強まっていきます。

第2節
子どもの発達を決定づける要因

学習のポイント
子どもの発達に関しては、これまでさまざまな学説が主張されてきました。ここではその主なものを概観するとともに、遺伝と環境が人間に及ぼす影響について考えましょう。

1　子どもの発達要因

　子どもが発達する要因については、主に次の4つの説があります。

1 遺伝説

　親の顔が子どもにも似るように親から受け継いだ遺伝的な性質によって人の発達は生まれる前から定まっているという考え方を遺伝説といいます。そのなかでもゲゼルは、心身の外側からなされる何かの訓練や練習によって人が発達するのではなくて、心身が内側から何かの能力を身につけられるように成熟することによって人が発達すると考えました。これを成熟説といいます。また、このように学習する際にその条件となるような身体の成熟した状態のことをレディネスといいます。

2 環境説

　雨の日が何日も続くと何だか心も曇ってきそうです。環境説とはこのように生まれた後の環境、経験、学習によって人の発達が形成されるという考え方です。ワトソンは、アルバートという名前の赤ちゃんの傍に白ネズミをおき、それを触ろうとすると大きな金属音を出して驚かせました。こうした実験を繰り返し行ったところ、しまいにアルバートは白ネズミをみただけで逃げ出すようになり、さらにはウサギや毛皮のコートなどにも過敏に反応して怖がるようになりました。現在ではこのような倫理に反する実験は許されませんが、ワトソンはこうして後天的な学習によって人の発達が形成されると主張しました。

3 輻輳説（ふくそうせつ）

　遺伝説と環境説はまったく性質の異なるものでしたが、これらに対して輻輳説とは発達にとって遺伝的な要因と環境的な要因は対立しているわけではなくて、どちらも大いに発達に関係しているとするものであり、シュテルンが主張しました。ただし、この2つの要因はそれぞれ独立しながら発達に影響を与えると考えられています。

人　物

ゲゼル
Arnold Lucius Gesell
（1880-1961）
アメリカの心理学者。双生児対照法（一卵性双生児の一方に技能訓練を行うが、もう一方は行わないことにより両方を比較する方法）など、子どもの発達に関する多くの研究業績がある。

コトバ

レディネス
学習が効果的になされるためには、学習者自身の心身が一定程度の発達を遂げていることが必要であるが、学習を成立させるための準備性のことをレディネスという。

人　物

ワトソン
John Broadus Watson
（1878-1958）
アメリカの心理学者である。彼は外界からの刺激（S）によって行動（R）が決定されるという行動主義を提唱した。

シュテルン

William Stern
(1871-1938)

ドイツの心理学者。哲学と心理学を統合する独自の人格学を構築した。さらに輻輳説、知能指数、一語文などの概念を提唱している。

ジェンセン

Jensen, A. R.
(1923-2012)

アメリカの心理学者であり、一般知能の個人差、テスト・バイアスなどに関して優れた研究業績をもつ。しかし、1969年の知能の遺伝規定性と人種差の関連を扱った論文は人種差別主義だとみなされている。

トマス

Thomas, Alexander
(1914-2003)

アメリカの児童精神科医であり、ニューヨーク大学などを卒業したのち、病院の精神科部長を務めた。

④ 相互作用説

　これは、輻輳説のように遺伝的要因と環境的要因がおのおの独立しながら発達に影響を与えるとするのではなくて、この２つが相互に関係し合い、影響を及ぼし合うという考え方であり、ジェンセンなどが主張しました。心配性な人でもゆったりとした音楽を聴くと心が落ち着いて不安が和らぐように、この考え方は私たちの日常経験を振り返ってみても思い当たるところが多いと思われます。そして、発達を決定づける要因としてこの相互作用説が現在では広く受け入れられています。

　このように、子どもの発達を決定づける要因として、遺伝と環境が焦点となっているわけです。では、次にその遺伝と環境についておのおのを詳細にみていきましょう。

2　遺伝と環境

① 遺伝的な性質としての気質

　人にはいろいろな性格があります。たとえば「自分はのんびりした性格だ」とか、「あの人は几帳面な性格だ」とかいった表現がよく使われます。性格という言葉は、一般的に生まれた後にまわりの影響を受けて形成された人の性質のことをいいます。これとよく似た言葉に気質という言葉があります。気質とは生まれる前から、いわば遺伝的に形成されている人の性質のことをいいます。人は誰でも身長や顔かたちに限らず自分の親からさまざまな遺伝的情報を受け継いでいます。そして、相互作用説ではこうした遺伝的性質としての気質に環境が関わることによって発達が促されると考えるわけです。

　たとえば、トマスとチェスは 141 名の子どもを調査することにより気質の特性に関して活動水準、順応性、気分などの９つを見出しました。そして、さらにそれらの組み合わせから子どもの気質を「扱いやすい子」「出だしの遅い子」「扱いにくい子」の３タイプに分類しました。

　それによると、たとえば気分に関しては、扱いやすい子の場合は肯定的であるのに対して、出だしの遅い子の場合はわずかに否定的であり、また扱いにくい子の場合は否定的という違いがみられました。また同様に新しい対象や人物に対する反応としては、扱いやすい子の場合は肯定的であるのに対して、出だしの遅い子の場合は、最初は警戒的であり、また扱いにくい子の場合は警戒的という違いがみられました。

　トマスとチェスは、生まれてから 10 歳までの調査を表にしています。

それによれば、子どもの気質はわずか生後2か月の時点で相違が明らかになります。また、その後子どもが成長するにつれて、気質は質的に一定の状態を維持しています。こうして子どもは自身が有する気質的な特性に基づいて自己の行動を決定し、身の回りの生活環境を形成していると考えられました。

② 子どもの成長に影響を与える環境の力

　次に環境に関してみていきましょう。一口に環境といってもさまざまなものや分類の方法が考えられます。しかし、ここではまず大きく以下の3つに分類しました。

①自然的環境

　自然は古くから人々にさまざまな影響を及ぼしてきました。たとえば、砂漠地域に住む人と、熱帯地域に住む人とではその暮らし方が異なるように、その土地の風土や気候がその場所に住む人々の考え方、暮らし方、さらには絵画、芸術、文学といった文化的側面に影響を与えると考えられています。

　さらに、これをもっと身近な例で考えてみましょう。たとえば、皆さんが勉強や仕事で疲れたときに手を休めて近くの森林公園を散歩したとしましょう。小鳥のさえずりや、小川のせせらぎの音などを耳にしながら深い緑のなかを歩いていけばいつの間にか癒されて心も体もリフレッシュできたという経験をしたことがあるかもしれません。このように自然は人の心身に影響を与える存在なのです。そして、こうした自然に幼いころから慣れ親しむことによって、そこに住む子どもは自然からさまざまな影響を受けるわけです。

②文化的環境

　自然はその土地の文化に影響を与えることを指摘しましたが、そうして形成された文化もまた人々の考え方、暮らし方に影響を及ぼします。たとえば日本では家のなかで靴を脱ぎますが、これは世界共通の習慣ではありません。海外では家のなかでも靴を履く文化が一般的です。しかし、日本の子どもは小さいころから親のしつけなどで家では靴を脱ぐものと考えます。そうしないと家のなかが汚れてしまい、親に叱られるからです。

　別の例で考えてみましょう。日本では数字の4は「死」を連想させるために病院などで使用が避けられています。しかし、海外ではそういうわけではありません。このように包括的な一種のシステムである文化は、人々の考え方や暮らし方にさまざまな影響を与えると考えられます。

③社会的環境

　最近、子どもの貧困が問題になっています。もともと能力があって本来なら受けられるはずの高等教育が、家庭の経済的な理由によって受けられなかったりします。そうすると、その子どもは社会のなかで必要とされるスキルや学力を身につけることができません。そして、不安定な雇用条件に甘んじることになります。また、そのためにやっと結婚できて家庭をもったとしても生まれてきた子どもが自分と同じような状況となり、世代にわたって貧困から抜け出せなくなるのです。

　地域の暮らしを守る各地の自治体はさまざまな形で貧困家庭を支援してこの問題を解決しようとしていますが、すぐには解決できません。子どもは好むと好まざるとにかかわらずその置かれた社会的な環境のなかでまわりの人々と関係をもち、相互にさまざまなやりとりをするのです。この例のように社会的な環境は子どもの心身の成長や日常の生活、将来の生き方などにも大きな影響を及ぼしています。

3　発達を形成するシステムとしての環境

　子どもの発達と環境の関係については生態システム理論を提唱したブロンフェンブレンナーが詳細に論じています。彼は個々の環境を単一の変数としてとらえるのではなく、巨視的にみてシステムという観点から環境を分析しました。そして、環境のなかで人間の発達を形作っていくさまざまな力を科学的に理解しようとしたのです。たとえば、幼稚園や学校の入園、入学、進級、就職、結婚などのように人生の節目に関わる役割や行動場面の変化のことを生態学的移行といいます。こうした変化は物事の感じ方や考え方を変えてしまう働きがあり、人間の発達にとって大きな意味をもつものです。システムとして機能する生態学的環境は、『人間発達の生態学』のなかにおいて以下の4つに分類されています。これらは同じ中心をもつ入れ子構造となっています。

● マイクロシステム
　特有の物理的、実質的特徴をもっている具体的な行動場面において、発達しつつある人が経験する活動、役割、対人関係のパターン。

● メゾシステム
　発達しつつある人が積極的に参加している2つ以上の行動場面間の相互関係からなる（子どもにとっては、家庭と学校と近所の遊び仲間との間にある関係であり、大人にとっては、家族と職場と社会生活との

人　物
ブロンフェンブレンナー
Urie Bronfenbrenner
（1917-2005）
モスクワで生まれて、アメリカで学位を取得した。彼は子どもの実生活のなかで発達をとらえようとしたことに主な特徴がある。

間にある関係）。

●エクソシステム

発達しつつある人を積極的な参加者として含めていないが、発達しつつある人を含む行動場面で生起することに影響を及ぼしたり、あるいは影響されたりするような事柄が生ずるような一つまたはそれ以上の行動場面である。幼い子どものエクソシステムの具体的な事例としては、たとえば両親の職場、兄姉の通っている学級などの活動がある。

●マクロシステム

下位文化や文化全体のレベルで存在している、あるいは存在しうるような、下位システム（マイクロ、メゾ、エクソ）の形態や内容における一貫性をいい、こうした一貫性の背景にある信念体系やイデオロギーに対応するものである。

ブロンフェンブレンナーは、生態学的環境についてその内容を取り入れたり、その特質を明らかにしたり、それを維持したりする活動を動機づけ、可能にする過程が人間の発達であるとしています。ブロンフェンブレンナーが考えたように、子どもは複雑な環境からさまざまな影響を受けて成長しているといえるでしょう。

人的環境としての保育者の特質

学習のポイント
周囲の環境のなかで子どもは育ちますが、実は保育者自身も環境の一部として子どもと関わりをもっています。ここではその接し方の基本について学びます。

第1節、第2節でみてきた通り、子どもの発達には遺伝だけではなくて環境の問題が深く関わっているといえるでしょう。あまり自覚がないかもしれませんが、日常的に子どもに接している保育者自身もまた環境の一部なのです。ここでは特に、人的環境としての保育者の役割について考えてみましょう。

まず、信頼感を構築することにより、子どもが安心して過ごせるようにすることがあげられるでしょう。さらに子どもが興味をもった事柄に対して、主体的に関われるような手助けをすることが考えられます。何かのお絵描きをするのに、先生からご褒美や罰が与えられるので子どもが絵を描くというのでは、主体性が欠如しています。それは外からの働きかけによって子どもが行動しているからです。このようにして子どもの行動を促すやり方を「外発的動機づけ」といいます。

これに対して子どもが環境に主体的に関わり、「楽しいから」とか「興味があるから」という理由によって自発的に行動する「内発的動機づけ」のほうが好ましいといえるでしょう。しかし、子どもが主体的に行動しているところに保育者が「ご褒美をあげる」などといって外発的な報酬を与えた場合、子どもの意欲が低下してしまうことがあります。この状態のことを「アンダーマイニング現象」といいますが、これでは子どものためにならないでしょう。このように保育者による関わり方によって子どもの行動は大きく変わってしまうのです（第13章第2節参照）。

したがって、環境の一部である保育者は子どもの気質をよく理解する必要があります。たとえば、扱いにくい子だからといってその子どもを責めたり、人格を否定したりするようなことをしてはいけません。そうではなくて、その子どもの気質をよく見極めたうえでその子どもに最適な方法を考え、その子どもの主体性を促しながら日常の生活を支えていくことが大切だといえるでしょう。

ところで、主体性とはどういう意味でしょうか。保育用語辞典には「人

コトバ

アンダーマイニング現象
たとえばレッパー（Lepper）らは、お絵描きの好きな園児に、上手に描けたらご褒美として賞状をあげると予告して、実際にそれを報酬として与えた場合、以前にはあった自ら絵を描こうという気持ちが低下した。これをアンダーマイニング現象というが、このように外発的動機づけは、場合によっては子どもの意欲や主体性の発揮にとってマイナスになることがある。

との間で『この行為の、この感情の、この考えの主人公は私である』という実感をもち、この私に責任をもてるようになることを、主体性の獲得ということができる」とあります。この定義に示されているように、自分の人生に対して、何をするのかを自分で考え、それに基づき行動し、そしてよしあしにかかわらずその結果に対して自分で責任をとるということが「主体性」であるといえるでしょう。

　主体性ということに関しては、平成30年4月から施行された新しい幼稚園教育要領のなかにおける第1章総則のなかでも、以下の記載がみられます。これを以前のものと見比べてみてください。

> 　このため、教師は幼児との信頼関係を十分に築き、幼児と共によりよい教育環境を創造するように努めるものとする。
>
> 2009年4月施行　幼稚園教育要領

> 　このため教師は、幼児との信頼関係を十分に築き、幼児が身近な環境に主体的に関わり、環境との関わり方や意味に気付き、これらを取り込もうとして、試行錯誤したり、考えたりするようになる幼児期の教育における見方・考え方を生かし、幼児と共によりよい教育環境を創造するように努めるものとする。
>
> （下線は筆者による加筆）
>
> 2018年4月施行　幼稚園教育要領

　これまでにも子どもの主体性を尊重するということは、たびたびいわれてきたと思いますが、文章としてこれを明確に示した今回の改訂からも、子どもの主体性を重視しようとする文部科学省の強い姿勢が読み取れます。

　このことに関して鯨岡（2010）は「受け止めること」と「受け入れること」の違いを区別しています。たとえば、子どもに何か好ましくない行動がみられたとしても、その子どもの人格や存在を否定するのではなくて、その行為に至った心の内を理解してその思いを受け止めるとともに、その好ましくない行為を受け入れない姿勢が求められるのです。これは簡単なことではないかもしれません。しかし、このように保育者から適切な働きかけをすることによって子どもは大きく変化します。小さな芽がすくすくと成長するように、慈しみの心をもって大切に育てれば子どもはよい方向に向かうのです。子どもは自分の存在を認めてほしいがために、わざと大人から叱られるような行動をする場合があります。

それは自分という存在をけっして無視しないでほしいからなのです。どうか、皆さんも子どもの主体性を育み、そして最善の利益を考えながら保育の実践に励んでください。

演習課題

① 「受け止める」と「受け入れる」の違いについて鯨岡（2010）を読んで、さらに学びを深めましょう。
② 環境の一部としての保育者の役割をまとめてみましょう。

【引用・参考文献】

ブロンフェンブレンナー U.　磯貝芳郎・福富　護訳　『人間発達の生態学　発達心理学への挑戦』　川島書店　1996 年

ポルトマン A.　高木正孝訳　『人間はどこまで動物か —— 新しい人間像のために ——』　岩波書店　1961 年

ユーキャン保育士試験研究会　『2011 年版　U-CAN の保育士速習レッスン（上）』　2011 年

Thomas, A. & Chess, S.　*The Origin of Personality, Scientific American*, 102-109.（1970）

大場幸夫監修　『ポイント＆実践サポート　保育所保育指針ハンドブック』　学研教育出版　2008 年

鯨岡　峻　『保育・主体として育てる営み』　ミネルヴァ書房　2010 年

汐見稔幸・無藤　隆　『〈平成 30 年施行〉保育所保育指針　幼稚園教育要領　幼保連携型認定こども園教育・保育要領　解説とポイント』　ミネルヴァ書房　2018 年

田島信元他編集　『新・発達心理学ハンドブック』　福村出版　2016 年

藤永　保監修　『最新　心理学事典』　平凡社　2013 年

松本峰雄監修　『保育の心理学　演習ブック』　ミネルヴァ書房　2016 年

森上史朗・柏女霊峰編　『保育用語辞典 第 8 版』　ミネルヴァ書房　2015 年

谷田貝公昭・原　裕視編　『子ども心理辞典』　一藝社　2011 年

第3章

子ども観・保育観と
発達理論からの視点

第2章において発達の概要が明らかとなりました。これに対して子ども
に対する見方や保育のあり方、さらには発達のしくみについてさまざま
な理論がこれまで立てられました。ここでは子ども観、保育観の歴史的
な展開と、子どもに対する発達理論の視点について考えることにより、
これまで子どもはどのようにみられてきたのか、ということを学びます。

第1節 子ども観の変遷

学習のポイント
子どもに対する大人の見方は、時代や地域によって同じではありません。ここではさまざまな子ども観を概観することにより、子どもを見る目を養いましょう。

1 子ども観とは

　子ども観とは、子どもに対する見方、考え方です。本書を読んでいる皆さんは「子ども」と聞くと、どのようなイメージを思い浮かべるでしょうか。たとえば「公園で走り回って鬼ごっこをしている子ども」「お母さんのひざのうえで一緒に絵本を読んでいる子ども」「粘土をこねて怪獣やお人形をつくっている子ども」などさまざまな子どもの姿が浮かんできます。

　これに関して保育士養成校の学生を対象に調査した石川（2015）は、子どもに対して「愛おしい存在」「活発な存在」「未熟な存在」「個性的な存在」「煩わしい存在」「有能な存在」の6つのカテゴリーがあることを見出しました。しかし、一口に子どもといっても乳幼児から小・中・高校生まで年齢も性別も異なっています。これらをひとくくりにすることは難しいことでしょう。

2 時代や地域で異なる子ども観

　さらに、このような子ども観は常に不変であるというわけではなくて、時代や地域によっても大きく異なっています。たとえば、日本では児童労働が禁止されていますが、世界ではそれがごく普通に行われている地域もあります。国連の国際労働機関 ILO の調査によれば、2016 年の時点においてわずか5歳から17歳の児童労働者が世界中で約1億5,200万人もいます。その原因としては、貧困、教育機会の欠如、差別などがあげられています。こうした子どもたちは子ども扱いされておらず、大人から単なる労働力とみなされているわけです。これは子どもにとって好ましい状況とはいえません。そこで、ここでは歴史的な子ども観の変遷を中心に子どもに対する視点を養っていきます。

1 古代から近代における世界の子ども観

　カニンガムによれば、古代ギリシア・ローマ時代において、子どもを思う親の愛情を示す証拠資料はあるものの、子どもを遺棄する習俗があり、「子ども期」という期間と「子ども」という存在自体への無関心が広がっていました。さらに古代ギリシアにおいては、子どもは大人としての資質を欠いた不完全な状態とみられていました。しかし、その後キリスト教の広まりとともに子どもに対する大人の態度が変化しました。キリスト教では、すべての人間に対して救済が必要であると考えられていたので、幼い子どもでもそれ以前とは異なる扱いを受けるようになったのです。

　中世に関してアリエスは『子供の誕生』の第1部の結論において「中世の社会では、子供期という観念は存在していなかった」と述べています。これは、子どもに固有な性格、つまり子どもを大人から区別する特殊性に関する意識が存在していなかったというのです。そして、さらに第3部第2章の後半において「中世末期から十六・十七世紀にかけて、子供は親にたいしてひとつの地位を獲得していった」と述べています。しかし、アリエス自身は20世紀の人物であり、たとえばカニンガムが批判しているように、彼の考えに対しては議論の余地もあります。

　これとは別に18世紀に活躍したフランスの思想家、ルソーは児童中心主義の教育を主張していました。ルソーは「子どもの発見者」とよばれています。彼の思想は当時の教会から批判されていましたが、代表的な著作である『エミール』では、小説の形をとって教育のあり方が述べられています。そして、それにはたとえば次のような一節があります。

> 「自然は子どもが大人になるまえに子どもであることを望んでいる。この順序をひっくりかえそうとすると、成熟してもいない、味わいもない、そしてすぐに腐ってしまう速成の果実を結ばせることになる」
> 　　　　　　　　　　　　　　　　　　　（『エミール（上）』p.125 より引用）

　20世紀のアリエスが主張するように、中世当時「子ども期」がなかったかどうかという点は依然議論のあるところです。しかし、時代的に近い18世紀に書かれた『エミール』の内容から考えるとルソー以前の時代には子どもの主体性や子どもらしさといったことは、少なくとも現代より尊重されていなかったのだといえるでしょう。

　その後、ルソーの影響を受けたエレン・ケイは、1900年に『児童の世紀』を著しました。その思想はやはり児童中心主義であり、子どもには子ど

人物

カニンガム
Hugh Cunningham
（1941- ）
イギリスの歴史学者。40年以上にわたって児童労働と児童福祉の歴史、子どもの権利の思想史などを研究した。

アリエス
Philippe Ariès
（1914-1984）
フランスに生まれた。主に中世や近世を中心にフランスの歴史を研究した。『子供の誕生』は彼の代表作である。

『子供の誕生』
1960年に公刊されたアリエスの代表作である。さまざまな事例を示しながら、中世における子ども観が現代のそれとは大きく異なることを指摘した。

人物

ルソー
Jean-Jacques Rousseau
（1712-1778）
フランスの思想家、教育に関する著作『エミール』のほかにも『社会契約論』などを著して多方面に大きな影響を与えた。

エレン・ケイ
Ellen Karolina Sofia Key,
（1849-1926）
スウェーデンに生まれて、女性解放運動に取り組んだ。『児童の世紀』のほかに、『恋愛と結婚』、『婦人運動』などの著作がある。

もとして固有の権利があることや、体罰の否定など現代の子ども観、教育観とも通じるものがあります。たとえば『児童の世紀』には次のような一節があります。

> 「社会的におこなわれる笞刑（ムチ打ちの刑のこと）は、それが道徳的転向の出発点となるような精神の動きを一つも生むものではない。子どもに対する笞刑は、多くの場合、貧困と怠惰な養育が子どものせいにされた結果であって、子どもは飢えに痩せ細り、屈辱と恐怖におののいている」
>
> （『児童の世紀』p.70 より引用）

このほかに20世紀におけるアメリカの教育学者であり、哲学者でもあるデューイも以下の通り児童中心主義の教育を主張しています。

> 「学校は、その効力を十分に発揮するために、教授される子どもたちが参加する連帯的活動の機会をもっと多くして、彼らが自分自身の力や使用された材料や装置の社会的意味を習得しうるようにする必要があるのである」
>
> （『民主主義と教育（上）』第3章より引用）

以上の通り古代からおおむね近代までの世界の子ども観をみてきました。研究者の立ち位置によって見方が異なる印象もありますが、これまでみてきた通り西洋ではおおむね時代が下るにつれて個人としての自覚が深まり、その流れのなかで子どもの主体性や人権が尊重されてきたといえるでしょう。

② 古代から近代における日本の子ども観

古代日本の状況に関して、野上（2008）は青森県にある三内丸山遺跡を取り上げ、岡村道雄の『縄文の生活史』にも言及しながら縄文時代の子どもがどのように扱われていたのかということを解説しています。それによると、この遺跡は今から約5500年前から4000年前に栄えた縄文時代最大の巨大集落遺跡であり、200人以上が生活できる大型住居や6本の栗の巨木を立てた長方形の巨大構造物などが現在では復元されています。しかし、興味深いことに大人と子どもの墓地は別々につくられていました。それはどういうことかといえば、大人の墓が住居地域から離れたところにつくられていたのに対して、子どもの墓は住居に近いところに密集して残されていたというのです。

こうして大人と子どもは何らかの理由で区別されていたと考えられます。その理由はともかく早死産児や新生児の死が現在よりも多かっただ

人物

デューイ

John Dewey
（1859-1952）
アメリカの哲学者であり、プラグマティズムを主張した。子どもを学習の主体として考え、学校は子どもの生活を中心に組織した社会であると同時に民主主義社会を発展させる媒介であるべきとした。

ろう太古の昔に、簡単に捨て置かれたのではなくて大人の墓の6倍近い880基以上の埋め甕が残されていたということは、それだけ子どもが特別視されていたということを物語っているといえるでしょう。さらに時代を下ると、北海道釧路市の紀元前3世紀ごろの弥生時代の遺跡からは、琥珀や貝殻でつくったビーズやペンダントなどの装飾品を身につけた9歳前後の男の子の人骨も発見されています。

　以上のことから野上は、子どもが死亡した場合でもそれほど気にされず、すぐに別の子どもが代わりに生まれてくるだけだと考えられていたヨーロッパと、そうではない日本の子どもに対する態度の違いを強調しています。

　さらに時代は下って律令体制下になると、かずかずの法令がつくられます。そのなかで、たとえば645（大化1）年につくられた「男女の法」では、子どもの身分が親の身分によって決められることなどが記されています。その後、「班田収授法」がつくられたことにより、6歳になる良民男女は口分田を支給されました。わずか6歳の子どもが大人のように田畑で働けたとはなかなか想像できませんが、こうして子どもは大人と同様の権利を認められていた代わりに祖（税）を収める必要がありました。このことから野上が推測しているように少なくとも子どもは幼いうちから労働力の一部として考えられていたことがわかります。

　当時の子どもの様子は、万葉集などからもうかがうことができますが、そのなかには貴族の子どもと庶民の子どもの歴然とした貧富の差を取り上げたものがいくつかあります。その内容はとても切ないものなのですが、しかしその分だけ子どもを思う親の気持ちは強かったのだと思われます。さらに子どもと大人の違いは、服装に関して詠まれた長歌にもみることができます。そして、こうした点も16世紀まで子どもと大人で服装の区別がなかったヨーロッパと日本との違いであると野上は指摘しています。

　平安時代末期から戦国時代にかけてさまざまな絵巻物や書物に子どもの姿が出てくるようになります。野上は、イエズス会の宣教師として来日したルイス・フロイスの記録に言及しながら「子どもの発見」はヨーロッパよりも日本のほうが早かったのではないかと述べています。たとえばフロイスが残したこの記録のなかには、次のようなものがあります。

　2．ヨーロッパの子供は長い間襁褓に包まれ、その中で手を拘束される。日本の子供は生まれてからすぐに着物を着せられ、手はいつも自由になっている。

人　物

ルイス・フロイス
Luis Fróis
（1532-1597）
ポルトガルのカトリック司祭。織田信長や豊臣秀吉とも会見して、後世に戦国時代の貴重な記録を残した。

3．ヨーロッパでは幼児を眠らせるために揺籃（ゆりかご）を使い、歩くことを教え込むために小さな車を使う。日本人はこうしたものは何も使わない。ただ自然の与える援助を使うだけである。

7．われわれの間では普通鞭で打って息子を懲罰する。日本ではそういうことは滅多におこなわれない。ただ〔言葉？〕によって譴責（けんせき）するだけである。

（『ヨーロッパ文化と日本文化』　第3章より引用）

　襁褓とは、「おしめ」のことです。さらに訳者の岡田は、同書のなかで「子を育てるに当って決して懲罰を加えず、言葉をもって戒め、六、七歳の小児に対しても七十歳の人に対するように、真面目に話して譴責する」とフロイスが記しているものを付記しています。文化が違うので子育てのしかたも東洋と西洋とで異なるのは当然でしょうが、今日の日本では体罰や虐待が後を絶たないことを思えば、特に7は注目に値するでしょう。こうしてみると、当時の日本の子どもはヨーロッパよりも恵まれていたようにも思われます。

　しかし、中世時代はよいことばかりというわけではありませんでした。たとえば、柴田は同じくフロイスが残した記録に基づきながらその当時堕胎や捨て子、子殺しなどが頻繁に行われていたことを指摘しています。これは、前述した通り縄文時代に子どもが亡くなれば手厚く埋葬されていたことと比較すればとても対照的です。このことから当時の子どもたちは一般的に大切に育てられていたというわけではなくて、戦禍や貧困などを理由とする生殺の選択から免れた一部の子どもだけが限定的にそうされていたのだと考えられます。つまり、これは文明が進んだからといって人間の心が必ずしも豊かになるわけではないということを示す一例といえるでしょう。

　その後、江戸時代になると戦乱もおさまり世の中がしだいに落ち着いてきて、貝原益軒（かいはらえきけん）のような教育思想家も現れました。日本各地の寺子屋では、書道などを習う子どもの姿もみられるようになりました。その当時の絵には、子どものいたずらを描いたものもあり、江戸の庶民が子どもを子どもとして客観視する余裕と観点を獲得していたと野上（2008）は指摘しています。また、汐見（2017）は元禄時代に捨て子を禁止する風潮が強まり、このころに日本人の子ども観に大きな変化が生じたことを指摘しています。つまり、子どもを保護する考え方がしだいに広まっていったのです。

人物

貝原益軒
（1630-1714）
江戸時代の儒学者。筑前国（現在の福岡県）生まれ。『養生訓』などを著した。

保育の始まりと現代の子ども観

学習のポイント
近代になって各地に本格的な保育施設が設立されるようになりました。ここでは、その設立の背景や、現代の子どもに対する見方について学びましょう。

1　保育の始まり

1 世界における保育へのまなざし

18世紀から19世紀前半にかけて産業革命が起こり、それにともなって乳幼児のための施設として保育所が誕生したと松本（2017）が指摘しているように、保育所は保護者、特に女性の就業と大きく関わっています。もちろん太古の昔から他人の子どもの世話をするという行為は日常的にあったことでしょう。しかし、それを意識的に、しかも社会的、集団的に行ったというところがそれ以前のものとは異なる点だといえるでしょう。ここでは保育所や幼児園の設立の経緯や、それに携わった人々の足跡をたどりながら保育観の形成について考えてみましょう。

フランスのオーベルランは、1779年に世界最初の託児所を設立しました。これは幼児保護所とよばれています。その目的は、戦災や貧困などで見捨てられた幼児に対して幼児教育を実践するためでした。

オーエンは、スコットランドで紡績工場を経営していました。子どもを保護するために1816年には自分の工場内に性格形成学院を創設しました。彼は、よい環境を与えることによって人々によい性格が形成されると考えたのでした。

ドイツのフレーベルは、1840年に世界最初の幼稚園を創設し、子どものために恩物とよばれる独特の教育道具を考案しました。彼は『人間の教育』のなかで「幼児期の段階は、周囲の人々や、まわりの外界とはじめて結合し、合一するものの発達や、これらのものを解明し、理解するための、つまりこれらのものの内的な本質を把握するための最初の出発点を含んでいるので、きわめて重要である」と述べています。こうして近代ヨーロッパでは、子どもを保護し、教育することを目的としてこうした施設がつくられたのです。

石井十次
（1865-1914）
児童福祉事業家であり、家族舎制度と里親制度の導入、収容児の年齢的発達区分にしたがった保護教育体制の整備などを行った。

留岡幸助
（1864-1934）
犯罪者の多くが少年期のうちから犯罪行為をしていることを知り、感化事業の意義を学ぶ。1899年に家庭学校を設立して、多くの少年たちに基礎学力を付与し、宗教的人格教育を行った。

高木憲次
（1888-1963）
整形外科医であり、肢体不自由児施設の実現に向けて活躍した。また当時「片輪・不具」といった名称に代えて「肢体不自由」という語を用いることを提唱した。

糸賀一雄
（1914-1968）
近江学園の創立者。障害児の療育に力を注ぎ、「発達保障理論」を築いた。「手をつなぐ親の会」の理事としても活躍した。「この子らを世の光に」という言葉が有名である。

松野クララ
（1853-1941）
ドイツ人で、クララ・チーテルマンといい、その後日本人と結婚して松野姓となった。フレーベルの考えを日本に広めた。

② 日本における保育へのまなざし

　日本でも近代に入り、かずかずの保育的な施設がつくられるようになりました。たとえば、石井十次はキリスト教の信仰に基づいて日本初の孤児院である岡山孤児院を開設しました。留岡幸助は非行少年を対象として1899（明治32）年に東京に家庭学校を創設しました。高木憲次は、肢体不自由な子どものために整肢療護園を開設しました。さらに糸賀一雄は戦争で親を亡くした子どもや知的障害児のための施設である近江学園を1946（昭和21）年に設立、そしてびわこ学園を1963（昭和38）年に設立しています。なお、江戸時代中期には、フレーベルより70年ほど以前に保育施設がつくられていたとする記録が残されています。しかし、その施設はそれほど発展や普及はみられなかったようです。

　このほかに幼稚園施設としては、1876（明治9）年に日本最初の幼稚園として東京女子師範学校附属幼稚園が松野クララによって開設されました。しかし、この幼稚園は官立（現在でいう国立）で、そこに通う子どものほとんどは上流階級の子女でした。

　これとは対照的にその後野口幽香と森島峰は、貧困家庭の子どもを対象として1900（明治33）年に私立の二葉幼稚園を開設しました。これは、乳幼児も保育していたことから二葉保育園とその後に名称を変更されています。

　また、赤沢鍾美・仲子夫妻によって日本で最初の預かり保育施設である新潟静修学校が1890（明治23）年に開設されました。こうした保育的施設は、海外の宗教の影響を受けたものばかりではなく、養護の必要な子どもを支援するという保育それ自体の視点から設立されたのです。

　では次に、大正時代から昭和時代にかけて保育に関する考えを主張した倉橋惣三についてみてみましょう。倉橋は、形骸化したフレーベル主義を否定しました。そして何よりも子どもの心に寄り添うことが大切だと考えました。たとえば次のような一節があります。

　　「泣いている子がある。涙は拭いてやる。泣いてはいけないという。なぜ泣くのと尋ねる。弱虫ねえという。……随分いろいろのことはいいもし、してやりもするが、ただ一つしてやらないことがある。泣かずにいられない心もちへの共感である。

　　お世話になる先生、お手数をかける先生。それは有り難い先生である。しかし有り難い先生よりも、もっとほしいのはうれしい先生である。そのうれしい先生はその時々の心もちに共感して呉れる先生である。」

（『倉橋惣三選集第3巻』p.37 より引用）

こうした児童中心主義の倉橋惣三の考え方に対して城戸幡太郎は、『幼児の教育』を著して教師主導の保育を主張しました。確かにある程度、教師が子どものふるまい方に何らかの指導をする必要はあるでしょう。最近、小1プロブレムなどの現象が学校現場で問題となり、保育のあり方がさまざまに議論されています。しかし、保育には何よりも子どもの心を受け止めてそれを理解することがまず大切です。少なくとも子どもの主体性を尊重しながら社会性が身につくように育む姿勢が求められます。こうしてみれば、子どもを主体とする倉橋惣三の誘導保育は今日でも意義があるといえます。

2　現代の日本および世界における子ども観の潮流

日本では、時代が明治に突入すると1872（明治5）年に学制が公布されました。そして、文明開化の名のもとに西洋をモデルにした教育が行われるようになりました。また、その当時の教育の方向性を示すものとして「教育勅語」が示されました。さらに、大正になると児童中心に主体性を尊重した幼児教育もみられました。しかし、列強諸国との争いによってしだいに富国強兵が叫ばれ、太平洋戦争のころになると国民全体がさまざまな統制を受けるようになりました。このころの子ども観は国家主義的なものであり、「皇国の子ども」として学校教育と連携しながら国家のための子どもの育成が目指されていたと真橋（2008）は述べています。

戦況が悪化すると勤労奉仕にかりだされた少年、少女もいました。いわば、個々の子どもから老人に至るまで国民全体が国家のために存在するというような状況でした。空襲などによって家や親を亡くした子どもたちもいましたが、おそらくほとんどの大人はこうした子どものことを考える余裕もなかったことでしょう。子どもの幸福は二の次だったといえるかもしれません。

しかし、第二次世界大戦の惨禍がやみ、世界が平和になるとともに再び子どもに目が向けられるようになりました。これまでみてきたことからわかるように世の中が平和であるか否かによって、子どもに対する大人の見方も大きく変わります。子どもが子どもらしく扱われ、生きるためには、まず世の中が平和であることが大切だといえるでしょう。

そして、現代は一部の地域を除いて子どもの人権が世界の中でさまざまな形をとって手厚く保障されている時代です。たとえば、法令などを例にしてみれば、日本や世界中において次のようなものを見出すことが

コトバ

世界人権宣言

1948年に国際連合の第3回総会において採択されたものであり、法の下の平等、思想、宗教の自由などが全国家において守られなければならないことを宣言している。

できます（文章の一部を抜粋）。

◆世界人権宣言（1948年）

第6条

すべて人は、いかなる場所においても、法の下において、人として認められる権利を有する。

◆児童憲章（1951年）　これは日本において制定されたものです。

児童は、人として尊ばれる。

児童は、社会の一員として重んぜられる。

児童は、よい環境の中で育てられる。

◆児童の権利に関する宣言（1959年）

2．児童は、特別の保護を受け、また、健全、かつ、正常な方法及び自由と尊厳の状態の下で身体的、知能的、道徳的、精神的及び社会的に成長することができるための機会及び便益を、法律その他の手段によって与えられなければならない。この目的のために法律を制定するに当たっては、児童の最善の利益について、最善の考慮が払われなければならない。

◆児童の権利に関する条約（1989年）

第6条

2．締約国は、児童の生存及び発達を可能な最大限の範囲において確保する。

　冒頭でふれたように世界には児童労働など解決すべき課題が依然としてあります。また、日本でもしばしば児童虐待など子どもの人権を侵害する行為が後を絶ちません。しかし、これまでみてきたように現代の子ども観は子どもの人権に特に配慮したものです。ひとりの人間としての子どもの権利を守り、健全な育成を図ろうとする明確な意図がうかがえます。

　こうして、以前なら暗黙に認められていた学校の体罰も、現在では厳しく罰せられるようになりました。子どもの存在は単に保護される対象からこうして権利の主体に変化したのです。これからも弱い立場にいる子どもを「子ども」として理解し、子どもの基本的人権を守っていく必要があるでしょう。

発達理論からの視点

一口に子どもの発達に関する理論といっても、すでに第2章でみてきたゲゼルやワトソンなどのほかに、性的衝動（リビドーといいます）によって口唇期、肛門期、男根期、潜伏期、性器期という5つの成長段階から子どもの発達を説明したフロイトなど、実にさまざまなものがあります。しかし、ここでは保育や幼児教育と特に深い関わりのある代表的な学説を取り上げて、その子どもに対する視点についてみていきましょう。そして、さらに次章ではその詳細について学びを深めていきましょう。

1　社会情動に関する発達理論における視点

1　母親との関わり

人間は喜怒哀楽のある存在です。よいことがあれば、それを喜び、また悪いことが起これば、それを悲しみます。こうして生じる喜びや悲しみ、あるいは怒りといった一時的で急激な感情のことを情動とよんでいます。これは、生理的な変化をともなうものです。人間が他者と何らかの関わり合いをもつ場合、この点に関して学ぶべきことが多くありますが、ここではボウルビィとエリクソンの考えをみていきましょう。

ボウルビィは、1950年に世界保健機構（WHO）から臨時職員として任命を受けてヨーロッパ諸国（フランス、オランダ、スウェーデン、スイス、イギリス）、そしてアメリカ合衆国に調査のため赴きました。その目的は、戦争で親を失った子どもや、何らかの理由で家庭を離れた子どもたちは何を必要としているのかということを調べるためでした。その結果、その答えはどの国でも同じであるということが判明したのです。その答えとは、乳幼児と母親（あるいは生涯母親の役割を果たす人物）との人間関係がその子どもの心身の健やかな成長に重要であるということでした。

コトバ

性的衝動（リビドー）
精神分析学の概念であり、性欲動を意味する精神的なエネルギーのこと。フロイトは、このリビドーという概念によって人間の心的活動を説明しようとした。

フロイト
Sigmund Freud
(1856-1939)
オーストリアの精神医学者であり、精神分析の創始者である。人間のさまざまな心的現象の裏側に潜む無意識の世界に着目して独自のヒステリー理論を展開した。

ボウルビィ
John Bowlby
(1907-1990)
フロイトから大きな影響を受けたイギリスの児童精神医学者。母子間の愛情関係が人間発達の重要因子であることを強調した。

ハーロウ

Harry Harlow
(1905-1981)
アメリカの心理学者。
ウィスコンシン大学にお
けるアカゲザルを用いた
実験から精神衛生のため
には、ミルクなどの単な
る栄養だけでは不十分で
あることを示した。

子どもにとって母親の存在が重要であることは、アカゲザルを用いたハーロウの動物実験によっても知られています。ハーロウは生後間もないアカゲザルを母親から引き離してその代わりにサルに似せた模型を与えました。ただし、一方はミルクを飲むことはできるものの全体が針金でできたサルの模型であり、もう一方は円筒形の筒に布を巻いて肌触りを実物のサルに近づけたけれどもミルクを飲むことができないサルの模型でした（図3-1）。

図3-1　ハーロウの動物実験

出所：越智啓太編『心理学ビジュアル百科 基本から研究の最前線まで』を参考にして作図

この2つの模型に対して子ザルがとった行動は、ミルクを飲むことができないものの、針金の模型よりもより実物に近い布を巻いた模型に抱きつくという行為だったのです。この結果によって、子どもが母親を求めるのは単にミルクという栄養がほしいからというわけではないということがわかりました。そして、さらにその後、布でつくられた代理母でそのまま育てられた場合、その子ザルは暴力的になったり、情緒不安定になったりしたのでした。こうしたことから精神衛生にとっていかに愛情が大切であるのかということがわかりました。

2 アイデンティティ

ボウルビィとは少し異なり、エリクソンはアイデンティティ（自我同一性）に焦点を当てて社会情動的発達について考えました。エリクソンによれば、アイデンティティとは自分という存在が特定の社会的現実の枠組みのなかで定義されている「自我」へと発展しつつある確信のことであり、同一性の核心的な問題とは、人生において変化していく運命に直面しながら自分が同一のものであることをもち続ける能力のことです。人は日常的に意識していませんが、誰でも一度は自分が何者であるのか、何のために生まれてきたのか、とかいった疑問をもったことがあると思います。アイデンティティを求めるとはこうした問いに対する答

エリクソン

Erik Homburger Erikson
(1902-1994)
フロイトの影響を受けた
アメリカの心理学者。精
神分析と役割理論を結び
つけて自我の発達の観念
から人間の社会適応の問
題を考えた。そこから8
つのライフサイクルを提
唱した。

コトバ

アイデンティティ

エリクソンが用いた概念
であり、これによって青
年期の人格の心理社会的
な発達が説明された（第
4章、第11章参照）。

えを求めることにつながるのです。

　このように子どもの情動的な発達に関しては、単に物質的な支援だけでは不十分であり、スキンシップをとったり、絵本の読み聞かせをしたりするなどして心と心の相互作用的なふれあい、信頼関係といったものをもつことが大切だといえます。これらの研究成果は、ふだんなら何気なく行われているそうした人間関係の重要性を心理学の立場から明らかにした点に意義があるといえるでしょう。

2　認知機能に関する発達理論における視点

　ここでは20世紀を代表する認知発達心理学者ピアジェの考えをみていきましょう。ピアジェは、人間がどのように世界を認識するのかということを研究しました。そして、4つの発達段階を経ておおむね12歳ごろに仮説を立てて物事を考えたりする力が獲得されるとしました。

　ピアジェの研究の中心は発達心理学ですが、教育に関する考えも公表しています。『ピアジェの教育学』によると、個人の自由は協力によって生まれます。その協力とは無秩序主義や無政府主義ではありません。それは自律性を意味しています。そこで、自由の教育はまず知能の教育、特に理性の教育を前提とするわけです。伝統的な制約や支配的な意見にしたがって自分自身で考えることをしない個人は自由ではありません。また、本能と感情による空想や主観的な幻想によって支配されているような個人も自由ではありません。それらは皆、何かに捕らわれているからです。そうではなくて、批判的精神を保持し、外的な権威にまったく依存しない自律的な理性にしたがう個人こそが自由なのです。しかし、伝統的な学校生活にはこの知的な自由がほとんどないとピアジェは考えました。

　さらに、ピアジェは自身が行ったかずかずの心理学的実験結果に基づいて子どもは間違った自分の解答が正しいと信じてそれ以上考えようとはしないので、思考、理由、論理に関する教育が必要であるとしています。自由な人間をつくるためには頭のなかに知識を記憶して満たすことでは不十分であり、活動的な知能を形成しなければならないというわけです。この知的自由の教育を行うためには、生徒同士の共同による仕事を実行したり、一日のある時間を自由に議論したりすることが必要であるとされていますが、保育においても子どもの主体性を尊重することは重要です。したがってピアジェの発達理論を学ぶことは、よりよい保育を行ううえで大きな意味があるといえます。

人　物

ピアジェ
Jean Piaget
(1896-1980)
スイスの心理学者であり、認知発達に関して20世紀を代表する一人である。ピアジェの発生的認識論の考え方は、幼児教育にもさまざまな影響を与えた。

　これまで保育や幼児教育と特に関わりの深い発達理論について、その視点に着目しながらみてきました。そこから一口に発達理論といってもさまざまな考え方があるということがわかりました。ここで紹介した理論における子どもへの視点は同じものではありませんでした。また、紙面の都合でここでは紹介できなかったほかの理論もあります。

　しかし、あらゆる理論に関していえることは、そのどれもが子どもに科学的なまなざしを向けて子どもの健全な成長を育もうという姿勢です。皆さんはこれらの発達に関する科学的な考え方を身につけることによって、単なる経験や慣習に捕らわれない根拠（エビデンスといいます）のある保育や幼児教育の実践をすることが可能になるのです。

　本書を通じて皆さんも自己の子ども観を科学的に確立し、保育に対する自分の理想をもつようにしてください。

演習課題

① 　貧困家庭の子どもに対する国の福祉政策を調べてみましょう。
② 　引用文献のなかから関心をもった書籍を一冊読んで、それについて自分の考えをまとめてみましょう。

【引用・参考文献】

アリエス　杉山光信・杉山恵美子訳　『〈子供〉の誕生』　みすず書房　1980 年

エリクソン, E.H.　小此木啓吾訳編　『自我同一性　アイデンティティとライフ・サイクル』　誠信書房　1973 年

エレン・ケイ　小野寺信・小野寺百合子訳　『児童の世紀』　冨山房　1979 年

デューイ　松野安男訳　『民主主義と教育（上）』　岩波書店　1975 年

ピアジェ, J.　芳賀純・能田伸彦監訳　『ピアジェの教育学』　三和書籍　2005 年

ヒュー・カニンガム　北本正章訳　『概説子ども観の社会史』　新曜社　2013 年

フレーベル　荒井　武訳　『人間の教育（上）』　岩波書店　1964 年

ポーラ・S・ファス編　北本正章監訳　『世界子ども学大事典』　原書房　2016 年

ルイス・フロイス　岡田章雄訳注　『ヨーロッパ文化と日本文化』　岩波書店　1991 年

ルソー　今野一雄訳　『エミール（上）』　岩波書店　1962 年

ILO（国際労働機関）「児童労働」

　http://www.ilo.org/tokyo/areas-of-work/child-labour/lang--ja/index.htm　（2018 年 5 月 13 日アクセス）

石川正子　「保育学生が持つ子ども観」『盛岡大学短期大学部紀要　25 巻　1-7』　2015 年

伊藤　篤編著　『保育の心理学』　ミネルヴァ書房　2017 年

岡村道雄　『縄文の生活誌　日本の歴史 01』　講談社　2000 年

越智啓太編　『心理学ビジュアル百科　基本から研究の最前線まで』　創元社　2016 年

城戸幡太郎　『幼児の教育』　福村書店　1950 年

倉橋惣三　『倉橋惣三選集　第 3 巻』　フレーベル館　1965 年

汐見稔幸　『日本の保育の歴史　子ども観と保育の歴史 150 年』　萌文書林　2017 年

宍戸健夫　『日本における保育園の誕生　子どもたちの貧困に挑んだ人びと』　新読書社
　　2014 年

柴田　純　『日本幼児史　子どもへのまなざし』　吉川弘文館　2012 年

中島義明他編集　『心理学辞典』　有斐閣　1999 年

日本保育学会　『日本幼児保育史　第一巻』　フレーベル館　1968 年

野上　暁　『子ども学　その源流へ　日本人の子ども観はどう変わったか』　大月書店
　　2008 年

真橋美智子　『日本女子大学紀要　人間社会学部 19』　41-54　2008 年

松本園子　『日本の保育の歴史　子ども観と保育の歴史 150 年』　萌文書林　2017 年

茂木俊彦編著　『特別支援教育大事典』　旬報社　2010 年

森上史朗・柏女霊峰編　『保育用語辞典 第 8 版』　ミネルヴァ書房　2015 年

第4章

社会情動的発達

第3章でみた通り、人間は他者との関わりのなかで生活する存在です。最近、人との関わり方に困難を抱える子どもが増えているといわれています。ここでは、特に社会情動面に焦点を当てて、こうした子どもたちを支援するうえで大切なことを学びましょう。

第1節
人間がもつ欲求

学習のポイント

人間が生きるうえで本能的にもともと備わっている欲求の種類やその性質について学びます。これらが満たされないと人間はさまざまな問題を心身に抱えることを理解します。

1 自己実現理論

　人間はさまざまな欲求をもっています。「あれもしたい、これもしたい、あれもほしい、これもほしい」といった願いは皆さんも共通してもっているでしょう。一人ひとりの願いや欲求はそれぞれ異なっていますが、人は誰にでも共通するものを有しているとも考えられます。このことに着目したマズローは、人間の成長する過程が自分自身の夢の実現、つまり「自己実現」へ向かってなされる階層によって説明できると考えました。これを自己実現理論といいます。そして、それは以下に示す5段階の欲求によって説明されます（マズロー『人間性の心理学』第5章よりの要約）。人間の基本的な欲求はその相対的優勢さによってヒエラルキー（ピラミッドのような段階的組織構造）を構成するとされています。

第1段階：生理的な欲求

　これは、人間が生存していくうえで基本的であり、また本能的でもある欲求のことです。この欲求はあらゆる欲求のなかで最も優勢なものです。具体的には「睡眠」「食事」「排泄」などがあげられます。

第2段階：安全の欲求

　これは、生理的な欲求が充分に満たされたときに出現するものです。たとえば自分の健康や、災害からの避難、経済的に安定した収入を求めることなどがこれに当たります。生理的な欲求とともに生きていくうえで不可欠な欲求です。

第3段階：所属と愛の欲求

　これは、生理的欲求と安全の欲求がかなり十分に満たされたときに出現するものです。具体的には、会社や学校などに自分の居場所を求めたり、誰かを求めたりすることがこれに当たります。この欲求が満たされないとき、人は孤独を感じたり、社会的な疎外を感じたりする

人物

マズロー

Abraham Harold Maslow
（1908-1970）
アメリカの心理学者であり、人間がもつさまざまな欲求に着目した人間性心理学を確立した。マズローの人格理論は、通称「自己実現理論」とよばれている。

ようになります。

第4段階：承認の欲求

　これは、ただ単に集団に属しているだけではなくて、その集団の構成員から尊敬されることや、特別な存在として自分が認められることを求める欲求のことです。自尊心の欲求に満足を与えることは、自信、価値、強さ、可能性、適切さ、有用性や必要性などの感情へと通じています。しかし、これらの欲求の邪魔をすれば劣等感、弱さ、無能さの感情を生み出します。これらの感情によって失望感や、神経症的傾向が引き起こされます。人は、いつでも他の誰かから自分自身の存在が認められることを望んでいる存在であるといえるでしょう。

第5段階：自己実現の欲求

　これは、それ以前の欲求が満たされたうえで生じてくるものです。そして、5つある欲求のなかで最高位にくるものです。人は、自分に適していると考えられることをしない限り新たな不満や不安が生じてきます。人が究極的に平静であろうとするならば、たとえば音楽家は音楽を作り、画家は絵を描いていなければなりません。人は自分のなりうるものにならなければ結局のところ満足ができないのです。これは、他者から何らかの承認を求めるためではなくて自分自身に対する欲求であり、自分自身がもつ能力や可能性を最大限に発揮して「本来の自分自身」を求めるものであるといえるでしょう。

2　人間と欲求の関係

　このようにマズローは欲求に焦点を当てて人間の行動の原理を説明したのでした。第1段階と第2段階は物質的な側面が強く、第3段階から第5段階は精神的な側面が強いという特徴があります。マズローは、人に脅迫感を与えるものとして、たとえば自己実現を含めての基本的欲求や、状況を妨げられる危険性、あるいは現実において妨げられること、さらに生命自体に対する脅威などをあげています。人間はこれらの欲求が満たされないとき、さまざまな問題を心身に抱え込むことになります。そして、それは問題行動にしばしば発展してしまうことさえあります。

　したがって、保育や幼児教育に携わる皆さんは、日常の生活のなかで子どもが心身に何らかの不安や問題を抱えたりする何らかの悪い要素があった場合、それをなるべく取り除くとともに、子どもの自己実現が可能となるような手助けをしていく必要があるでしょう。

アタッチメント（愛着）の問題

学習のポイント
適切な関わり方がなされないと子どもの発達は遅滞する場合があります。ここでは子どもの発育におけるアタッチメントの意味やその重要性について学びます。

1 ホスピタリズム

　誕生してからおおむね3歳ごろまでの子どもの欲求を考えたとき、そのほとんどはマズローの自己実現理論における第1段階からおおむね第3段階まででしょう。特に乳幼児の場合はその傾向が強いと考えられます。その場合、子どもにとって一番身近にいる存在として母親、もしくは母親的な人物の存在が考えられます。では、もしもそうした人物が子どものそばにいない場合、その子どもにはどのような影響があるのでしょうか。また、母親的な存在は子どもの成長にとって不可欠なものなのでしょうか。ここではこうしたことについて考えてみましょう。

　児童の精神医学を研究したスピッツは、子どもが施設などに入れられて十分に母親的存在との接触が得られない場合、衛生環境にまったく問題がなかったとしても、その子どもはしだいに身の回りの人や事物に対して無関心、無反応になり、発達が通常よりも遅れるということを見出しました。この症状をホスピタリズム（施設病）といいます。彼が調査した孤児院では91人のうち37%の子どもが死亡したとされています。このことは乳幼児には適切な人的刺激が必要であることを示すものです。こうしてスピッツは愛着理論の形成に大きな影響を与えました。

2 アタッチメント

　スピッツとともに母親的存在の意義を強調したのはボウルビィです。彼は母親的存在と子どもとの間で形成される親密な絆のことをアタッチメントとよびました。日本語ではこれを一般的に愛着と訳しています。ただし、ここで1つ注意しなければならないことがあります。日本語で愛着といった場合、たいていは「懐かしい」とか「趣がある」といった意味を表すことが多いように思われます。

人物

スピッツ
Rene Spitz
（1887-1974）
ウィーン生まれの児童精神分析医であり、実証的な観点から乳幼児の自然観察を行った。特にホスピタリズムに関する研究では、後の3歳児神話などにも影響を与えた。

　たとえば、皆さんが子どものときに誕生日祝いとして親戚の人から時計をプレゼントしてもらったとします。そして何年もその時計を使っていると皆さんは「この時計に愛着を感じます」というふうになるでしょう。しかし、ボウルビィが使ったアタッチメントという用語にはもともとそのような意味はありませんでした。

　ボウルビィが使ったアタッチメントという言葉は、たとえば子どもが何か怖い目にあったときに呼び声や泣き声によって誰かを自分に向かって接近するようにしたり、後追いをして誰かの保護を求めようと接近したりすること、つまり「怖くて何かにくっつく」という意味合いで使われていました。そして、子どもがとるこうした行動のことを愛着行動といいます。また、その子どもの愛着行動に反応して母親的存在がとる行動のことを養育行動といいます。したがって、ここでは「アタッチメント」という用語を主として用いることにしましょう。

3　不安分離と母性剝奪

　アタッチメントが形成されると見知らぬ人に対して人見知りをするようになります。母親的な存在と離れることに不安を感じて抵抗を示す状態を分離不安といいます。また、母性的養育の喪失のことを母性剝奪（マターナル・デプリベーション）といいます。ボウルビィは、母親的な人物と子どもが分離した場合、2歳以上の子どもには悲しみと怒りと不安をもたらすと述べています。これらは戦禍で親を失った子どもを収容した施設を調査したことから得られた結論でしょう。さらに、ボウルビィは繰り返される母子間の結合の崩壊が将来的に精神的な問題に発展することを示唆しました。こうしたアタッチメントは以下のように発達するとボウルビィは考えました。以下は『母子関係の理論　新版Ⅰ愛着行動』から抜粋して整理したものです。

第1段階：人物弁別をともなわない定位と発信

　この段階では、乳児は人に対して特色あるしかたで行動するが、ある人を他の人と弁別する能力はまだ存在しない。乳児が周囲の人たちに示す行動には、その人に対する定位、視線による追跡行動、つかむ、手を伸ばす、微笑（ほほえ）む、喃語（なんご）をいうことなどが含まれる。約12週以降、親密な諸反応の強さが増大する。

第2段階：一人、または数人の弁別された人物に対する定位と発信

　この段階では、乳児は第1段階のときと同様に、人に対して親密な

コトバ

定位
目の前を動く物体を見定めるように何らかの対象を空間のなかで知覚して位置づけること。

方法で行動するが、しだいに他人に対してよりも母性的人物に対してより顕著な形で行われる。聴覚刺激と視覚刺激に対する反応は、家庭で育てられている乳児の場合、大多数が12週以降に非常に明確になる。

第3段階：発信ならびに動作の手段による弁別された人物への接近の維持

この段階では、乳児はますます区別して人に接するようになる。反応の範囲も広がり、たとえば外出する母親を追う、帰宅した母親を迎える、探索活動のより所として母親を利用するなどの行為がみられる。それとは逆に、見知らぬ人に対して警戒するようになり、そのうち恐れと逃避を引き起こすようになる。この段階は6か月から7か月の間に始まり、2歳ごろまで続く。

第4段階：目標修正的協調性の形成

母性的人物は、時間的、空間的に永続し、空間・時間の連続において多少予測できる動きを示す独立対象として考えられるようになる。その後、母親の感情および動機について洞察し得るようになる。こうして協調性と名づける関係を発達させるための基礎が形成される。

人　物

エインズワース

Ainsworth Mary D. Salter
(1913-1999)
アメリカの発達心理学者。ストレンジシチュエーション法を考案して、アタッチメントの個人差の類型化を行った。

その後、エインズワースはストレンジシチュエーション法（図4-1）を考案して愛着理論をさらに発展させました。この方法を用いることによって子どもの特徴と母親のタイプが3つ観察されましたが、その後、この3つのいずれにも該当しないものが考えられたことから現在では4つに分類（表4-1）されています。

子どもは成長するにつれて外界に興味を示し、探索行動をとるようになります。そして、何か怖い目にあった場合、たとえば散歩をしていて大きな犬に出会ったときなどに母親の後ろに隠れるしぐさをしますが、これは母親を自分の身を守ってくれる存在だとわかっているからそうするのです。このような場合、子どもにとって母親は自分の「安全基地」のような存在です。そうすることでしだいに子どもは困ったときはいつでも自分を助けてくれるというイメージを心のなかにもつようになります。そして、これを内的ワーキングモデルといいます。このモデルができあがると、母親が自分のそばにいなくても後追いをしたり、泣き叫んで助けを求めたりするといった行動がなくなります。自分の心のなかに母親と自分が常に精神的につながっているという安心感があるからです。

では、子どもが正常な形で母親とアタッチメントを形成できなかった場合、どうなるのでしょうか。これに関しては、さまざまな調査があります。たとえば田邊と米澤（2009）の調査によると、子ども時代に十分

な関わりを母親との間でもてなかった人は、自分が母親になったときに自分が受けてきた養育と同じようにマイナスのことを自分の子どもに対しても行ってしまうということがわかりました。

図4－1　ストレンジシチュエーション法
出所：繁田　進『愛着の発達 母と子の心の結びつき』を参考にして作図

51

　また、下條（2012）らの調査によれば、児童期や思春期に不登校になった人の被養育体験を検討したところ、孤独な幼少期の家庭環境などが影響していることがわかりました。乳幼児期において長期的な虐待を受けたことなどが原因で、養育者とのアタッチメントが正常に形成されなかったことにより生じるさまざまな問題のことを愛着障害といいます。たとえば、特定の人との間で親密な人間関係が結べない、必要以上に他者にベタベタくっつくこと、自傷行為をする、万引きなどの犯罪行為をするなどの症状がみられます。

表4−1　子どもの特徴と母親のタイプの表

	子どもの行動特徴	養育者の関わり方
Aタイプ（回避型）	養育者との分離に際して泣いたり混乱を示したりということがほとんどない。養育者を安全基地とした探索行動がほとんどみられない。	全般的に子どもの働きかけに対して拒否的にふるまう傾向が強い。また、子どもの行動を強く統制しようとする働きかけが多くみられる。
Bタイプ（安定型）	分離時に多少の泣きや混乱を示すものの、養育者との再会時には積極的に身体接触を求め、容易に鎮静化する。	子どもの欲求や状態の変化などに相対的に敏感である。子どもとの相互交渉は全体的に調和的かつ円滑である。
Cタイプ（アンビバレント型）	分離時に非常に強い不安や混乱を示す。再会時には養育者に身体接触を求めていくが、その一方で養育者に怒りをぶつける傾向がみられる。	子どもが送出してくる各種アタッチメントのシグナルに対する敏感さが相対的に低い。子どもの行動を適切に調整することがやや不得手である。
Dタイプ（無秩序・無方向型）	近接と回避という本来両立しない行動が同時に、あるいは継時的にみられる。また不自然でぎこちない動きを示すことがある。	精神的に不安定なところがあり、突発的に表情や声、あるいは言動一般に変調を来たし、パニックに陥るようなことがある。

出所：数井みゆき・遠藤利彦編著　『アタッチメント　生涯にわたる絆』を一部改変して要約

4　保育園・乳児園における問題点

　では、保育所や乳児院に子どもを預けることは問題がないのでしょうか。今日では家庭の経済状況などの理由から保育所に子どもを預ける人が多くなっており、保育所の役割はますます高まっています。また、保育所などでは基本的に同じ保育士による対応がよいとされていますが、保育士など母親以外の人が子どもに関わったとしても母親が養育する場合と比較して違いがないのでしょうか。心身の形成に何らかの問題が生じる心配はないのでしょうか。そのような疑問が以前からありました。これは3歳児神話とよばれる一種の仮説として提起されています。

　3歳児神話とは、生まれてから3歳までの間は実母が養育しなければ、その子どもの心身に将来さまざまな問題が生じるとするものであり、ボウルビィなどの知見がその根拠とされてきました。今日では以前ほどこの仮説が一般的に受け入れられているわけではありません。また、これに否定的な調査結果も存在しています。しかし、依然としてそれを意識している人もいます。たとえば、母親とのアタッチメントが形成される以前のわが子を夕刻になって引きとりに来た保護者に保育士がその子どもを手渡そうとしたときに、その子どもが保育士から離れるのを嫌がったり、保護者に抱かれることに抵抗を示したりするとしたならば、そこに何か問題はないでしょうか。これは保育を考えるうえで避けて通れない事柄だといえるでしょう。

　このことに関してヘネシーは、母子にとって出産直後から3か月が重要な時期であり、子どもは特定の人とアタッチメントを築くことができないと、自分を守り育ててくれる近親者と他人との区別がつかなくなってしまうと指摘しています。そして、3歳までに母子の愛着の絆をしっかりと結ぶことが育児放棄予防の基点であるとしています。これについては今後さらなる調査の必要性がありますが、いずれにしても保育者は子どもと保護者との間でアタッチメントが十分に形成され、母子の絆が深まるようにサポートすることが大切でしょう。

人物

ヘネシー・澄子

（1937-　）
横浜生まれ。ベルギーとアメリカに留学し、臨床ソーシャルワーカーとして活躍している。日本でも多分野にわたる講演を行った。

学習のポイント
アイデンティティは自我同一性ともいわれます。これは他者から区別された自己概念のことを意味します。ここではアタッチメントと異なるアイデンティティの意義を学びます。

1　アイデンティティ

　子どもの発達を考えるうえでアイデンティティの問題も重要です。これは自我同一性ともよばれます。第3章のなかでも少しふれましたが、アイデンティティとは、各個人が青年期の終わりに成人としての役割を身につける準備を整えるために、成人になる以前のすべての経験から獲得していなければならない一定の総括的な成果を意味しています。昨日の自分と今日の自分は同じ自分といえますが、では「まったく同じであるか」と聞かれれば、そういうわけではありません。昨日の自分と何か違う部分もあるはずです。こうしてアイデンティティを考える場合、自分自身の存在を意識することが重要になってきます。エリクソンは生涯にわたるこの問題を論じていますが、重複を避けるためにこの章では特に乳幼児期に焦点を当てて話を進めましょう。児童期以降に関しては、第11章を参照してください。

2　8つの発達段階

　エリクソンは、人間には8つの発達段階（図4-2）と、各段階における「危機」というものがあることを指摘しています。まず、危機とはこの場合自分のアイデンティティを確立するときにさまざまな選択があるためにそれがうまくいかないような状況のことです。そのなかでも乳幼児期に焦点を当ててみると、この段階において克服されるべき危機は、「基本的信頼対不信」という状況です。乳幼児には、経験が一貫していること、連続性や斉一性などを理解することによって自我同一の基本的概念が生じてきます。また、食べ物や単なる愛情表示よりも他者との関係の質に基づいて子どもの心には信頼感が芽生えてきます。そして、さらに同一性観念の基礎が形づくられてきます。

このアイデンティティは、ときと場合によってうまくいかない場合があります。アイデンティティの危機を認識しなかったり、確立することを止めて選択がなされなかったりするのことをアイデンティティの拡散といいます。つまり、何をしたいのかわからないような状況です。なかには親のいいなりになってアイデンティティの確立が早期に完了してしまうような人もいます。

	1	2	3	4	5	6	7	8
VIII　円熟期								自我の統合 対 絶望
VII　成年期							生殖性 対 停滞	
VI　若い成年期						親密さ 対 孤独		
V　思春期と青年期					同一性 対 役割混乱			
IV　潜在期				勤勉 対 劣等感				
III　移動性器期			自発性 対 罪悪感					
II　筋肉肛門期		自律 対 恥と疑惑						
I　口唇感覚期	基本的信頼 対 不信							

図4-2　アイデンティティに関する8の発達段階

出所：エリクソン，E.H.　仁科弥生訳『幼児期と社会1』を参考にして作図

その後、アイデンティティの概念は、マーシャによって実証的に研究されました。マーシャはアイデンティティ・ステイタスという概念を提唱して、各種のテストを用いながらその測定を行うことにより、個人のアイデンティティの形成のあり方を検討しました。そこにおいては、2つの基準を用いて政治的イデオロギー、宗教、職業などの領域に対するアイデンティティのあり方が4つのステイタスによって分類されました。こうしたマーシャの研究法は、その後多くの研究者に対して刺激を与え、アイデンティティが発展する基礎となりました。

3　アイデンティティの重要性

　キン・大野（2013）は大学生と母親を対象にして各段階の達成状況を測定しました。そしてさらに世代間伝達の可能性とそれが青年のアイデンティティ形成に及ぼす影響についても調べました。その結果から青年期におけるアイデンティティの達成には母親の影響が大きく作用していることがわかりました。このことから乳幼児期における母親の役割はきわめて大きいと考えられます。

　このことは、たとえばしばしば起きる病院での乳幼児の取り違え事故のことを考えてもよくわかります。間違えて親子が入れ替わった後、自分が青年期を過ぎてから真実がわかったとしたらどうなるでしょうか。アタッチメントの場合、誰が養育するにしても形成することは可能です。しかし、自分と親に血のつながりがないとわかった途端にショックを受ける人がいるということは、アタッチメントとは異なる意義がアイデンティティの確立には備わっていることを意味するものでしょう。

　そのために子どもの養育に関しては、大浦（2017）が指摘している通りアタッチメントの問題だけではなくて、アイデンティティの問題もあわせて検討する必要があるでしょう。ボウルビィのアタッチメントとエリクソンのアイデンティティという考えは、まったく同じものというわけではありませんが、どちらもフロイトを源流としており、互いに影響し合っているため、近年その関係性が注目されています。そして、これは今後の検討課題の一つといえるでしょう。

学習のポイント
認知的能力といえば、試験に合格することなどを思い浮かべますが、ここではテストの成績などでは測ることのできない非認知的能力の必要性について学びます。

1 非認知的能力とは

　これまでみてきた事柄は社会情動的な能力に関する発達の側面でした。社会情動的な能力は別のいい方をすれば、非認知的能力となります。一般に認知的能力といえば既存の知識を獲得する能力のことであり、学校のテストでよい成績をとることなどがこれに当たります。一方、非認知的能力といえば、長期的な目標を達成したり、他者との協働を図ったり、自分自身のさまざまな感情を管理する能力のことを指します。

　この2つは相互に関連すると考えられていますが、以前には、学校でよい成績をとることが至上命題のように考えられた時代もありました。しかし、近年テストの成績がよいだけでは社会において必ずしもうまくいかないことがいわれています。こうして非認知的能力である社会情動性が注目されるようになってきました。ここでは、そのなかからゴールマンによって提唱された EI について考えたいと思います。

2 EI

　EI とは、Emotional Intelligence のことで、情動的知性や感情的知性などと訳されます。これは、IQ つまり知能指数と対比する形で一般的には EQ として知られています。今日、EI の定義は完全に定まっているわけではありません。しかし、ゴールマンによれば人間には考える知性と感じる知性の2つがあり、EI の欠如によって人間は自分の感情をコントロールできなかったり、他人の気持ちを理解できなかったりするとされています。ときどき新聞やニュースなどで激高して人を殺めたという話を見聞きしますが、これも EI が不足していたために起こるわけです。

　ゴールマンによれば、人間の脳は太古の昔から進化するにつれて三階

人 物

ゴールマン
Daniel Goleman
（1946- ）
アメリカのジャーナリストであり、IQ（知能指数）に偏重しがちだった教育のあり方に一石を投じた。なお、EQ という言葉を世に広めたのは雑誌『タイム』である。

コトバ

情動的知性（感情的知性）
情動と感情はよく似た概念であり、厳密な区別は困難な場合があるが、一般的に感情とは人間が何かの経験をした場合に生じる情緒的な側面を意味するものである。また、情動とはそのなかでも急激に生起して短期間で終わるような比較的強力な感情であると考えられている。こうしたことに関わる知性には感情、および情動をコントロールする働きがある。

建ての構造になったといいます。そのなかでも情動に深く関係する器官を扁桃体（へんとうたい）といいます。この扁桃体はアーモンドの形をしており、左右1個ずつ脳の大脳辺縁系という部分にあるものです。通常は、何かの危険を察知したときにそれをすぐに回避できるよう身体の関連する部分に信号を送るのですが、ときどき間違うこともあります。たとえば、暗い夜道を歩いていると、何だか自分の肩に誰かがふれたような感触がしてとっさに飛び退くことがあります。しかし、よくみてみるとただの葉っぱが肩にかかっただけだということがわかって安心します。

　こんなふうに扁桃体が出す信号は、ほとんど本能的なものなので必ず正しいというわけではありません。そして、しばしば扁桃体の働きが強すぎて大脳新皮質が制御不能になってしまうことがあります。これが激情にかられた状態なわけですが、ゴールマンはこれを「情動によって脳がハイジャックされた」と表現しています。

　このEIは、1990年代に当時世の中が激変していたこともあり、ブームとなりました。その後、科学的にあいまいではないかという指摘などもあり、批判される部分があります。しかし、非認知的能力の重要性を指摘した点で大きな意味があるでしょう。ゴールマンは、けっして情動を否定的にとらえているわけではありません。なぜならば、扁桃体と大脳新皮質を切り離すと、さまざまな感情が生じなくなります。そうすると、何らかの問題に直面したときに方向性が定まらず、判断することが困難になると考えられるからです。

3　自己主張と自己抑制

　これに関連して、ダマシオも理性が合理的に思考するためには情動や感情が大きな影響をもっていると考えています。彼によれば、人間はある反応に対して何らかの好ましくない結果が頭に浮かぶことによって不快な直観を経験します。それは危険信号となり、この信号のおかげで人間は将来起こり得る問題をうまく回避できるようになります。そして、この信号のことをソマティック・マーカーといいます。感情的になるというのは一般的に否定的な使われ方がされていますが、ゴールマンやダマシオが指摘している通り、情動や感情といった側面は人間の合理的な思考において不可欠な要素であるといえるでしょう。

　ゴールマンが主張しているように、学校のテストができるだけでは社会に出てからうまくやっていけるという保証は何もありません。自分や相手の気持ちを考え一緒に働くこと、困難な状況があってもそれを我慢

コトバ

ソマティック・マーカー
人間が生きていくうえで、たとえば生死や損得に関わるような経験は、ただ単に脳のなかに記憶されるだけではなくて、身体と関係をもったイメージとしてその後の行動に影響をおよぼす。そして、こうした身体信号のことをソマティック・マーカーという。

したり、努力して克服しようとする意志をもったりすることは認知的な能力に劣らず大切なことだと思われます。人前で自分の考えや意見をしっかりと表明したり、状況を考えながら自分の気持ちを抑えたりするには、自分の感情をコントロールしなければなりません。このことに関する心理学の実験としては、たとえばマシュマロテストがあります。そして、こうした自己主張と自己抑制はおおむね4歳以降に発達すると考えられています。図4－3は自己主張と自己抑制について男女の違いを比較したものです。この図から自己主張に関しては男女差がそれほどみられないものの、自己抑制に関しては男児よりも女児のほうが強いということがわかります。これは一つの性差と考えられます。

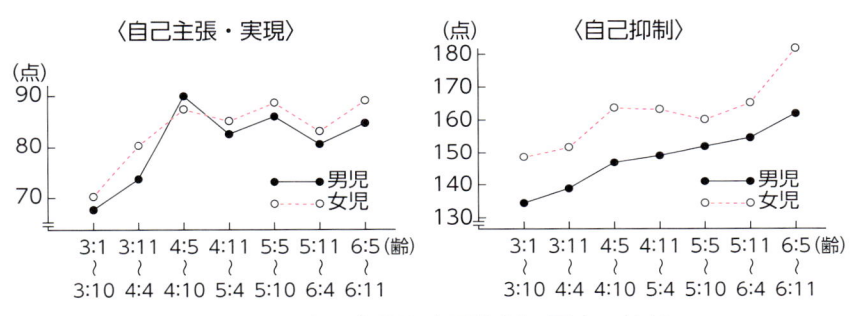

図4－3　自己主張と自己抑制の男女の比較

出所：柏木恵子『幼児期における自己の発達 行動の自己制御機能を中心に』を参考にして作図

　自己主張も自己抑制も共に自己を制御するうえでの重要な要素と考えられています。そして、ゴールマンは情操教育を行うことによってEIが高められると述べています。ですから皆さんが保育の現場に出たときは、こうした能力を養うことを意識しながら子どもと関わるようにしてください。

演習課題

① 愛着障害についてその原因や主な症状などについて調べてみましょう。

② 子どもに「我慢する力」を付けさせるには、どうすれば良いのか考えてみましょう。

コトバ

マシュマロテスト

子どもの自己抑制を調べたものとして、たとえばマシュマロテストがある。このテストでは、実験者が子どもにマシュマロを与え、「後から戻ってくるので、それまで食べるのを我慢できたら、ごほうびにもう1つマシュマロをあげる」といって、部屋から退出するという手続きをとる。この実験の結果、マシュマロを食べるのを我慢できた子どもは、その後の追跡調査の結果、我慢できずにマシュマロを食べてしまった子どもよりも、学力や社会性が高いということがわかった。

【引用・参考文献】

エリクソン，E.H.　仁科弥生訳　『幼児期と社会 1・2』　みすず書房　1977 年・1980 年

キン イクン・大野　久　「母子間の漸成発達主題獲得の関連性が青年のアイデンティティ
　　達成に及ぼす影響」『発達心理学研究　24』　337-347　2013 年

ゴールマン，D.　土屋京子訳　『EQ　こころの知能指数』　講談社　1996 年

スピッツ，R.　古賀行義訳　『母―子関係の成り立ち　生後 1 年間における乳児の直接観察』
　　第 12 章　同文書院　1965 年

ダマシオ，A.R.　田中三彦訳　『生存する脳　心と脳と身体の神秘』　講談社　2000 年

ヘネシー澄子　『子を愛せない母　母を拒否する子』　学研教育出版　2004 年

ヘネシー澄子　「母親のあせりと不安をどう解消するか　育児を放棄する母親の心理」『児
　　童心理 59』　金子書房　16-22　2005 年

ボウルビィ，J.　黒田実郎他訳　『母子関係の理論　新版 I　愛着行動』　岩崎学術出版社
　　1991 年

マズロー，A.H.　小口忠彦監訳　『人間性の心理学　モチベーションとパーソナリティ』　産
　　業能率短期大学出版部　1971 年

伊藤　篤編著　『保育の心理学』　ミネルヴァ書房　2017 年

大浦賢治　「養子縁組と里親家族から考える 3 歳児神話」『小田原短期大学研究紀要　47』
　　11-20　2017 年

海保博之・楠見　孝監修　『心理学総合事典』　朝倉書店　2006 年

柏木恵子　『幼児期における自己の発達　行動の自己制御機能を中心に』　東京大学出版会
　　1988 年

数井みゆき・遠藤利彦編著　『アタッチメント　生涯にわたる絆』　ミネルヴァ書房　2005 年

子安増生編　『よくわかる認知発達とその支援』　ミネルヴァ書房　2016 年

宍戸健夫・金田利子・茂木俊彦監修　『保育小辞典』　大月書店　2006 年

下條こなみ・種浦佐智子・花田裕子・永江誠治　「児童期・思春期に不登校を起こした青年
　　の被養育体験と自立の課題」『日本看護学会論文集　精神看護　42』　202-205　2012 年

田島信元他編集　『新・発達心理学ハンドブック』　福村出版　2016 年

田邊恭子・米澤好史　「母親の子育て観からみた母子の愛着形成と世代間伝達　母親像に
　　着目した子育て支援への提案」『和歌山大学教育学部教育実践総合センター紀要　19』
　　19-18　2009 年

繁多　進　『愛着の発達　母と子の心の結びつき』　大日本図書　1987 年

藤永　保監修　『最新　心理学事典』　平凡社　2013 年

藤永　保編著　『新版　心理学事典』　平凡社　1981 年

森上史朗・柏女霊峰編　『保育用語辞典』　ミネルヴァ書房　2015 年

第5章
身体機能と運動機能の発達

乳児期から幼児期にかけて、子どもの身体機能や運動機能は大きく変化していきます。運動機能の発達については、全身運動と手指の操作に注目して学びます。それぞれの発達段階に応じた保育ができるよう、支援のあり方について考えましょう。

第1節
身体機能の発達

学習のポイント
身体機能の発達の目安として、身長・体重などの発育や、呼吸循環機能・消化機能などの生理的機能の変化がわかる発育曲線について学びます。

1　身長・体重の発育

　新生児の平均は身長50cm、体重3kgくらいですが、生後3～4か月ごろには身長は65cm前後、体重は約2倍の6kg前後になります。身体の発育状況は、身長、体重などの変化の記録から知ることができます。

　母子健康手帳には、身長・体重を記録できる発育曲線のグラフが掲載されています。男児用と女児用、生後12か月までの乳児用（図5−1）と、6歳までの幼児用（図5−2）の4種類のグラフがあり、月齢ごと、年齢ごとの体重と身長を記録できます。ピンクで示されたラインのなかに入っていれば、個人差はあっても平均の範囲内で順調に成長していることがわかりますが、極端に伸びが遅くなったり、ラインを上下どちらかで超えてきたりした場合は、すみやかに園医やかかりつけの小児科に相談しましょう。

+α

母子健康手帳
母子保健法の定めにより、市町村が妊婦に交付する手帳のこと。母子手帳（ぼしてちょう）ともいい、妊娠・出産の経過から、小学校入学前までの健康状態、発育、発達、予防接種などの記録ができる。市町村によって様式は異なるが、妊婦健診や予防接種が無料になる受診券や行政サービスの案内がついていたり、妊娠から就学前までの時期ごとのアドバイスが掲載されていたりする。妊娠がはっきりしたら速やかに交付してもらうとよい。

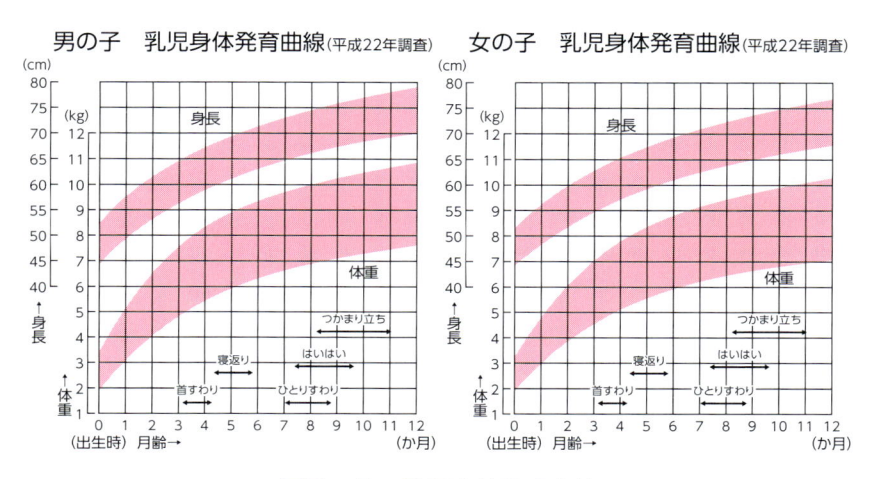

図5−1　乳児身体発育曲線
出所：厚生労働省「平成22年　乳幼児身体発育調査報告書」

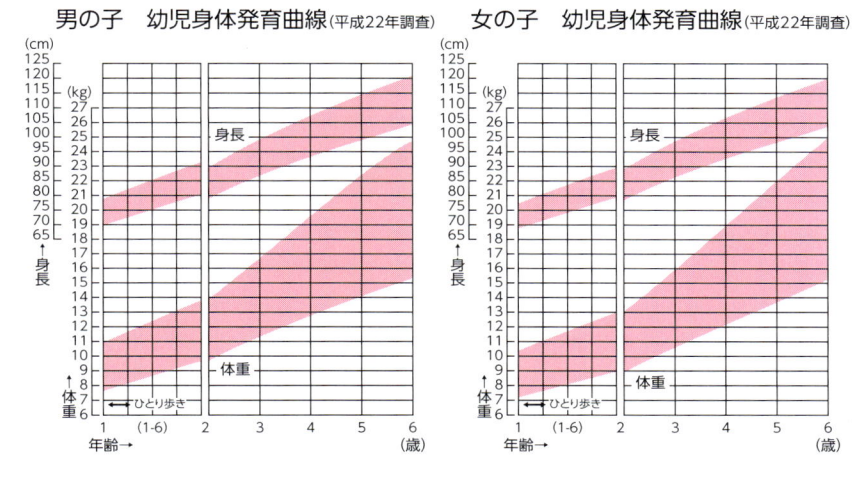

図5-2　幼児身体発育曲線

出所：厚生労働省「平成22年　乳幼児身体発育調査報告書」

また、身長と体重の計測値を用いてカウプ指数を算出することにより、健康状態や栄養状態、肥満度などを知ることができます。

出生時の体重や週数によって個人差も大きいため、これらの数値はあくまでも目安とし、子ども一人ひとりをよく観察して個々に対応をします。

2　生理的機能の変化

スキャモンは子どもの発育を4つの系統に分け、誕生から成人までの発育を100％としたときの変化をグラフにしました（図5-3）。

「一般型」は身長や体重、筋肉、骨格などの発育で、6歳ごろまでと思春期以降に大きく伸びることがわかります。「神経型」は脳や脊髄、視覚・聴覚・

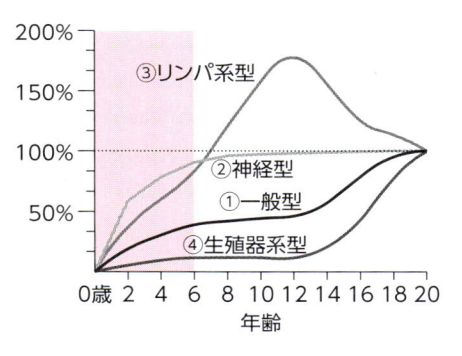

図5-3　スキャモンの発達・発育曲線

出所：Scammon R.E.（1930）

触覚など神経系や感覚器系の発育で、誕生直後に急激に発達し、6歳ごろまでに9割が、そして12歳ごろにはほぼ完成します。「リンパ型」は主に免疫機能の発育、「生殖型」は第二次性徴に関わる生殖器の発育を示しています。

誕生から6歳ごろまでの間に、健康な体と感覚運動の基礎が大きく進むということを念頭に置き、保育を進めることが必要です。

3 生活を支える生理的基盤

1 乳児期の生活リズム

新生児期は昼夜関係なく、眠りと目覚めの時間が繰り返されますが、徐々に、起きている時間と寝ている時間がはっきり分かれてきます。生後4か月ごろになると昼夜の区別がつくようになり、生後6か月ごろから睡眠リズムと昼間の生活のリズムも整ってきます。

0歳児の保育室では、集団生活のなかでも一人ひとりの睡眠リズムを保障するため、さまざまな工夫がされています。SIDS（乳幼児突然死症候群）を避けるため、1歳まではうつぶせ寝にしないことが保育所保育指針解説書においても明言されています。以前は寝返りができるようになるまではといわれましたが、保育事故を繰り返さないための真摯な検証の結果、むしろ寝返りが盛んになる4〜5か月児のほうが頭部や手足の動きが活発になる（第2節参照）ため、顔のまわりにシーツやタオル類をかき寄せてしまい、窒息のリスクが高くなることがわかってきました（平沼・繁松2016）。寝具の工夫、睡眠中はけっして目を離さず定期的に呼吸チェックをすること、そのための職員配置などの対応が求められます。

着替えやおむつ交換時は、肌が新鮮な空気にふれたり、全身状態をチェックできたりするチャンスでもありますが、大人の関わりによって生理的な「不快」の状態が「快」の状態になる交流の機会ともいえます。機械的な交換や流れ作業にならないよう、「気持ちよくなったね」など優しく語りかけながら大人との1対1の関係をつくる時間として大切にしましょう。

新生児でも、視方向30cm程度のところはよくみえています。ちょうど、授乳時に抱っこした大人の顔がある距離です。授乳の際も同じく、ゆったりと大人が関われる時間を大切にします。

2 離乳食の開始

乳児期後半になると、午睡は午前と午後、夕方の3回寝になり、離乳食が開始されます。初めての食材にチャレンジする際には食物アレルギーに配慮しつつ、家庭と連携をとりながら少しずつ進めましょう。手が自由に使えるようになってくると口元に差し出されたスプーンをつかもうとしたり、手で自分で食べようとしたりします。口に入るよりこぼ

す量のほうが多い日もありますが、「ダメ」を連発することなく、食べ
たい意欲を大切にし、大人が食べさせるスプーンとは別に危険の少ない
スプーンをもたせたり、自分でもって食べられる形状の食材を用意して
もらったりしましょう。

　1歳〜1歳半ごろには前歯が生えそろって奥歯も生えはじめ、もぐも
ぐとかんで食べるそしゃく機能が完成に向かい、離乳食も完了して幼児
食になります。

③ トイレトレーニング

　トイレトレーニングに関しては子どもの状態をみながら個々に合わせ
て決めていきます。個人差があるので一概にはいえませんが、おおむね
2歳ごろには排尿間隔が2時間程度にあいてきて、膀胱に貯められる量
も増え、1回のおしっこの量が多くなります。大脳の発達により2歳ご
ろから徐々に尿意を感じられるようになり、言葉でもそれが表現できる
ようになってきます。手を当てたり、もじもじしたりなど「おしっこが
出そう」というしぐさが出てきたら、トイレに誘ってみましょう。

　トイレで排尿できたら「トイレで出たね」と一緒に喜び、失敗しても
けっして責めずに「おしっこ出たね、きれいにしようね」と声をかけま
しょう。最近は紙おむつの性能も向上しており、3歳ごろまでおむつで
過ごしている子もめずらしくありません。発達や生理的機能の状態に
よって、尿意を感じにくい子もいます。一人ひとりの自尊心を大切にし
ながら、成功体験を積んでいけるよう配慮します。

第2節
運動機能の発達

学習のポイント

全身運動と手指操作の発達について、年齢ごとにまとめました。乳児期は月齢ごとに変化していく様子を、幼児期は保育活動に現れる運動発達を学びましょう。

+α

新生児期

おおむね生後1か月。

重要!!

原始反射（新生児反射）

新生児の体の動きは、ほとんどが音や姿勢の変化などの刺激に反応してしまう脳幹のコントロールレベルによる反射運動である。新生児期で消失するものもあるが、それ以外もほとんどは生後4〜6か月ごろまでに消失する。

コトバ

不随意運動

本人の意思とは無関係に起こる体の運動のこと。

コトバ

随意運動

自分の意思によって行われる運動のこと。

1 新生児期

　生後間もない赤ちゃんは、実は自分の意思で自分の体を自由に動かすことはできません。原始反射（新生児反射）というさまざまな不随意運動があり、口唇反射（口のそばに物が触れるとそちらに口を向けて探そうとする）、吸綴反射（口に入ったものに吸い付く）、把握反射（手に触ったものをぎゅっと握る）、モロー反射（大きな音がしたりするとびっくりしたように手をパッと広げる）、自動歩行（床に足をつけると歩くように動かす）、などたくさんの種類があります。いずれも、生後間もない赤ちゃんが生命を維持するために必要だったり、今後の運動機能を準備していくために必要だったりする反射です。自分で自分の手足が動かせるようになるにつれ、徐々に消失していきます。

2 乳児期前半

① 全身運動

　乳児期の前半（誕生（新生児期含む）〜6、7か月ごろ）は、主に寝た姿勢で過ごし、自分の体を自分の意思で動かしていくための準備をしていく時期でもあります。発達の方向性としては（第2章参照）頭部→脚部、中心→末梢、粗大→微細の方向で、随意運動の獲得が進みます。

　生後1か月ごろはまだ首がすわらず、どちらか片方を向いていることが多いですが、生後2か月ごろになると仰向けの姿勢で上を向いていることが増えます。3か月ごろになると首がすわり、胸の上あたりで手と手を揉み合わせたり、足と足をすり合わせたりするようになります。4か月ごろになると縦抱きにしても首がしっかりしてきて、まわりをみることができるようになります。5か月くらいになると、仰向けでは手で足を触るようになります。また、うつむけにしてもすぐには頭ががくん

と落ちることがなくなり、数分なら腹ばいの姿勢でおもちゃを手で扱って遊ぶことができるようになります。

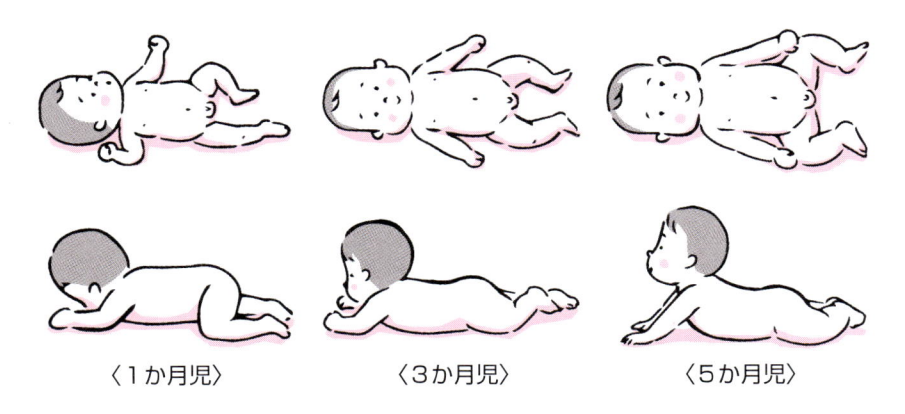

〈1か月児〉　　　　〈3か月児〉　　　　〈5か月児〉

② 手の操作

　手のひらは、新生児期は親指をなかに入れてぎゅっと握られていることが多いのですが、3か月ごろには、こぶしの外側に親指が出ていることが増え、メリーゴーランドなどをみせられると手をバタバタと動かし、指も動かします。生後5か月ごろになると、みつけたものに手を伸ばすとき、モミジの葉のように5本の指をしっかりとひらいて接近していきます。

〈1か月児〉　　　　〈3か月児〉　　　　〈5か月児〉

　ちょうど4か月ごろ、重力に逆らって縦抱きにしてもエネルギッシュに活動が展開するようになるころは、中枢神経が発達し、視覚と聴覚と触覚が連携してくるといわれます。音がするとそちらを向き、音源のおもちゃをみつけるとそれに手を伸ばそうと動かします。まだすぐに物がつかめるわけではありませんが、その芽生えがみられます。生後5か月を過ぎると、上手に手を動かして目的物に到達し（リーチング）、つかんで、口にもっていって確かめる、という操作を繰り返すようになります。

コトバ

リーチング
子どもの発達において、対象物に手を伸ばしてつかむ行動。

3　乳児期後半

① 全身運動

　生後6か月ごろまでにどちらの向きへの寝返りもできるようになり、ずりばいで、自分で位置の移動ができるようになると、目の前の世界だけでなく視野も広がり、空間の位置関係をとらえるようになります。日中は、座位（お座りの姿勢）で過ごすか、ずりばいやはいはい、つたい歩きなどによる移動を行います。手と目と耳と鼻（におい）と口（味や触感）と、五感全部を使って世界を探索し、それを他者と共有できるようになる時期です。

　7か月ごろはまだお座りも安定せず、手を使って支えたりもしますが、傾けば自分で元に戻ってバランスをとろうとする立ち直り反応がみられます。

　9か月ごろは足を投げ出して座る長坐位です。座面の長い赤ちゃん用のいすを使っている園もあるでしょう。11か月ごろになると、ひざを曲げて足の裏を地面につけて座ることができるようになります。

　移動手段は、最初はおなかをつけたずりばいだったのが、9か月ごろにはおなかが地面から上がって手とひざを使ったはいはいになり、11か月ごろには足の裏をつけたたかばいになります。つかむ場所があれば、重力に抗してつかまり立ちをし、つたい歩きもできるようになるでしょう。

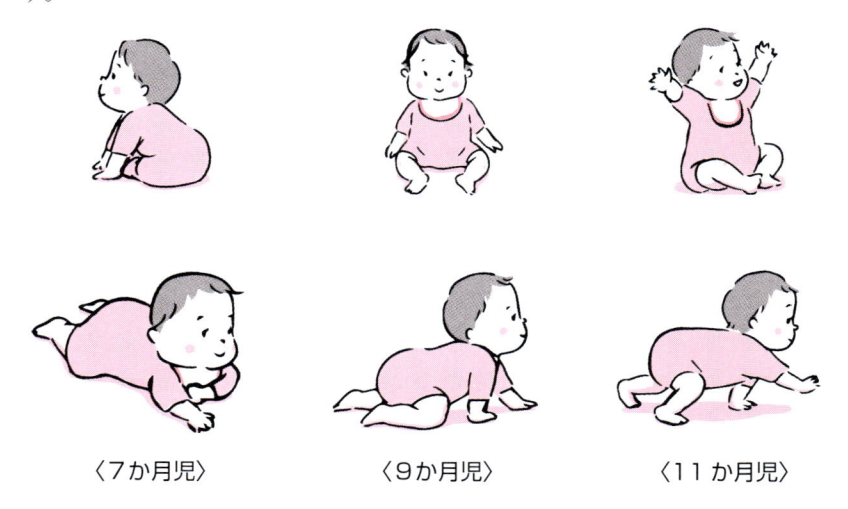

〈7か月児〉　　　　〈9か月児〉　　　　〈11か月児〉

② 手の操作

　手の操作においては、指先を使った操作が上手になります。7か月ごろは両手を伸ばしてモミジの手のひらでざっくりと物を把握します。9

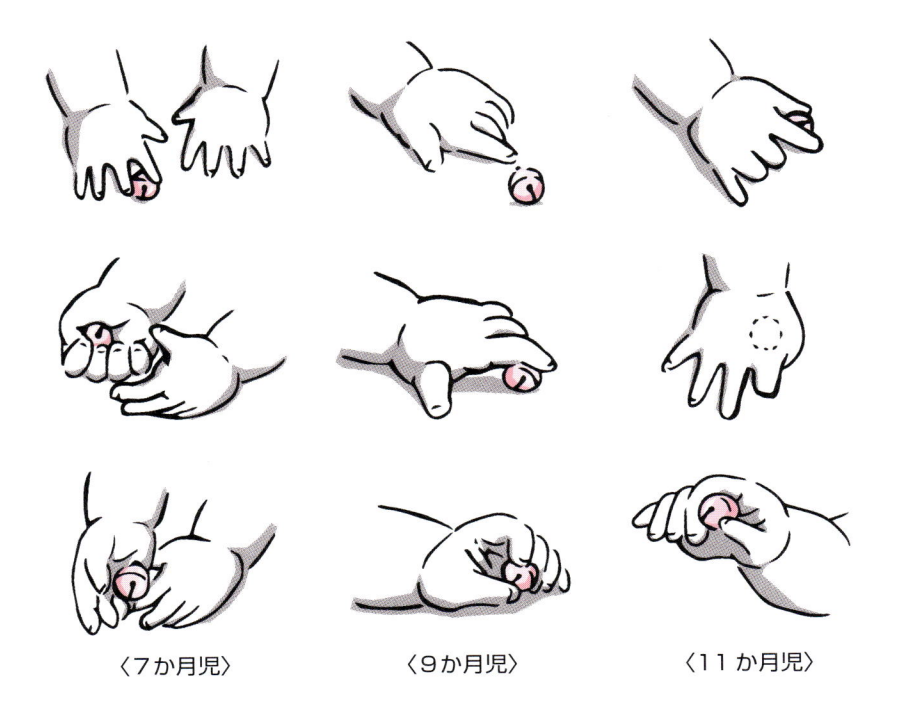

〈7か月児〉　　　　〈9か月児〉　　　　〈11か月児〉

か月ごろになると指先を使って把握するようになり、小鈴などの小さいものは片手の指先を使って接近します。両方の手で同時に別の物をもって遊んだり、ガラガラの柄と音のする部分をもち替えて柄の部分をもって振ったりできます。「もつ」だけでなく「離す」ことも上手にできるようになり、ティッシュペーパーや畳んだ洗濯物を取っては投げ、嬉々として遊びます。

　生後10か月ごろになると、ただ無目的に放り投げるだけでなく相手に渡したり、器に入れたりすることができるようになり、目標をとらえた「定位」する活動がさかんになります。まだ描けませんが鉛筆を紙に押し当てたり、ブラシを頭に押し当てたりもします。道具を意図的に道具として使いこなせるようになるのは1歳を過ぎてからです。

　11か月ごろになると、小さいものはピンチ把握で上手につまみ、びんに入れることができるようになります。

8か月児　ティッシュを取って投げる

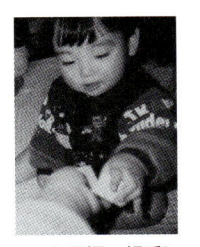

10か月児　相手に「どうぞ」と渡す

コトバ

ピンチ把握

親指と人さし指を使ってつまむように小さいものを把握すること。

4　1歳ごろ

1 全身運動

　つかまり立ちの状態から一瞬、手を放してひとり立ちができるようになり、個人差はありますが多くは1歳の誕生日前後に歩き始めます。歩き始めはがに股で両手が肩より上に上がるヨチヨチ歩きですが、1歳半ごろには手が下がってきて足首をぐっと踏みしめることができるようになり、1歳後半にはかかとから足をおろしてつま先でけって前に進む幼児の歩き方ができるようになります。

1歳児　ヨチヨチと
歩き始める

2 手の操作

　描画は1歳前半には肩やひじを始点とした左右のなぐり描きができ、1歳半ごろには肩や手首を上手に連動して回転させたぐるぐる描きになります。1歳前半は道具の使い方も直線的でフォークで刺すのも難しかったのが、1歳後半では上腕と連携させながら手首を回転させて、スプーンでこ

1歳7か月児　フォークを
使って上手に食べる

ぼさないように上手にすくって口に運び、唇を使ってこぼさないように食べることができるようになります。ままごとの包丁やトンカチも、手首の向きを調整してまっすぐに切ったり打ち付けたりする、道具を使える手になります。

5　2歳ごろ

1 全身運動

　ただ歩くだけでなく、小走りやジャンプ、凸凹のある場所を歩いたり階段を上ったり、水のなかを歩いたりすることができます。モデルがあればまねっこをして、手を上げたり股のぞきをしたり、片足を上げたりもできるようになります。三輪車にはまたがりますがまだペダルはこげず、足でけって進みます。

2歳児　小走りができる
ように

2 手の操作

　積み木を高く積んだり、長く横に並べたり、縦と横のある構成をしたりします。モデルがあればそれをみてまねして描こうとしたりもします。

縦と横の組み合わせの十字を描いたり、丸を描こうとしたりします。指先の巧緻性も高まり、粘土をちぎったり、シールはりをしたり、ピースサインをしたりします。ハサミは直線の１回切りが基本です。

6　3歳ごろ

① 全身運動

片足を上げながら前に進む「ケンケン」や、傘をまっすぐ差しながら歩く、鬼に捕まらないように逃げるなど、一度に２つのことを操作することができるようになってきます。三輪車では地面から足を上げてペダルをこごうとしたり、ジャングルジムの高い所に登ろう

3歳児　凧をもって走る

としたりなど、空中で重心を移動することができるようになります。

② 手の操作

折り紙などでは角をそろえて折り目をつけることができてきます。手の左右交互開閉（ふみきりカンカン）などが交互にできるようになって、手遊びも複雑なものへチャレンジしていきます。両手の役割分担ができるので、片手にお椀、片手にお玉をもって味噌汁を注いだり、片手に紙を、もう片手にハサミをもって切り進んだり、ボタンとボタン穴のヘリを指先でもち替えながらボタンをはめられたりできるようになります。身辺自立が進むなかで、生活のなかで自分でできることが増えてきます。

7　4歳ごろ

① 全身運動

一度に２つのことを制御する力がよりダイナミックに発揮され、ケンケンで５メートルほど進んでＵターンして戻ってくることができたり、ぞうきんで床を拭きながら前に進むぞうきんがけができたりします。登り棒で手足を交互に固定しながら棒を上ったり、縄を回しながら飛ぶなわとびができるようになったりします。リズムや音程に合わせて踊ったり、歌ったりもできるようになります。

② 手の操作

ハサミでは紙を回しながら線の上をはみ出さないように切るなど、曲線の制御ができるようになり、ペープサートで自分が描いた絵を切り抜いたりできるようになります。色を変えながら線からはみ出さないよう

コトバ

ペープサート

日本の児童文化財で、厚紙と棒でつくった紙製の人形を使う人形劇のこと。「paper puppet theater（ペーパー・パペット・シアター）」を略した造語。

に塗り絵をしたり、迷路をたどったりすることもできます。はしは3歳ごろから練習に使い始める園が多いですが、4歳ごろにははしだけで食事をすることが可能になってきます。

8　5〜6歳ごろ

① 全身運動

　全身のバランス感覚や制御が進み、自転車や竹馬に乗ることができるようになります。うんていや鉄棒の前回り、後ろ回り、とび箱、側転などにも挑戦し始めます。息をそろえて長縄にも挑戦です。片足でポーズを決めて姿勢を保持する、気をつけの姿勢をとるなどの姿勢の制御ができ、逆に全身の力を抜いて、プールでお化け泳ぎ（力を抜いて水に浮くこと）ができるようになります。走りながらの片足とびや太鼓に合わせてのスキップなど、高度な制御も可能になります。

② 手の操作

　鉛筆などは3点もちができ、描画では斜めの線や曲線も描けるようになり、文字の習得に向けての基礎ができてきます。あやとりや編み物、コマ回しや泥団子づくりなど、手先を細やかに使った手芸や技磨き、作品づくりができます。

運動機能の発達において大切にしたいこと

学習のポイント

乳児期の運動発達において保育のなかで大切にしたいこと、幼児期の運動発達において保育のなかで大切にしたいことをまとめましょう。

1　乳児期の保育で大切にしたいこと

　乳児期前半は飲んで寝てばかりなのではなく、そのなかで自分の意思で自分の体を動かすための体づくりをしている時期です。姿勢と重力の関係を改めて学び、どの時期にどんな姿勢をとらせるのか、検討しましょう。

　やわらかい布団や、ゆらゆらゆれるゆりかご、バウンサー、おすわりが不安定な時期に、倒れかかっても体を支えるベビーチェアなど、便利な育児グッズがたくさん出ています。しかし、ずっとそれらを利用した状態でいると、自分の体をどう動かしたらどのような姿勢がとれるのかという試行錯誤の経験が少なくなってしまうことが懸念されます。起きているときはある程度しっかりした、ふんばりのきく床の上で過ごす時間も乳児期前半の子どもにとっては大切な経験です。

　乳児期後半には、はいはいやつかまり立ち、つたい歩きなど、位置の移動が十分にできる環境を用意します。その際に大好きな先生やほかの友だちがどこで何をしているかが見通せて、（おもしろそうだ）（あそこにいきたい）（わたしもやりたい）という憧れやねがいを育てるような、魅力ある環境構成をしてほしいと思います。

バウンサー
大人が手で揺らしたり、赤ちゃんが動いたりするとゆらゆら揺れるベビーチェア。

2　幼児期の保育で大切にしたいこと

　文部科学省が策定した「幼児期運動指針」（平成24年3月）では、幼児期において獲得しておきたい基本的な動きには、立つ、座る、寝ころぶ、起きる、回る、転がる、渡る、ぶら下がるなどの「体のバランスをとる動き」、歩く、走る、はねる、跳ぶ、登る、下りる、這（は）う、よける、すべるなどの「体を移動する動き」、もつ、運ぶ、投げる、捕る、転がす、蹴る、積む、こぐ、掘る、押す、引くなどの「用具などを操作する動き」

があげられています。なお、これらの多様な基本的な動きは、適切な運動経験を積むことによって、３歳〜６歳ごろにかけて、年齢とともに無駄な動きや過剰な動きが減少して動きが滑らかになり、目的に合った合理的な動きができるようになるとされています。

　大切なのは、幼児は心身の全体を働かせてさまざまな経験を積んでいくため、運動機能だけを取り出して「鍛える」ことが求められているわけではない、ということです。「積極的に運動指導を取り入れている幼稚園・保育園よりも、自由遊び中心の園の子どもの方が、運動能力が高い」という一見衝撃的な調査結果があります（吉田・杉原・森 2004）。その理由として、運動指導や一斉保育の場では、クラスなど全体での統一した活動における説明や順番待ちなどの時間があって個人としての運動量が減ること、それに対し、自由遊び中心の園では、主体的で自由な遊びのなかで存分に体を動かす機会が保障されることがあげられています。

　実際、大人が決めたことをやらせる一斉指導で順番に一律の動きを経験するよりも、外遊びなど野山を駆け回るなかで鬼ごっこ・木登り・秘密基地づくりをしたり、園庭や公園で鉄棒・ジャングルジム・砂場遊びをしたりなどダイナミックに遊ぶほうが、より絶え間なく、多様な動きを経験するであろうことは明らかです。運動指導を実施する際には、子どもの発達にあった内容や指導方法の工夫が求められるということでもあります。

　幼児期に主体的な遊びと生活のなかで身体活動が取り入れられることで、体力や運動機能の向上、健康的な体の基礎をつくるのはもちろん、意欲的な心の育成、社会適応力、認知的能力の発達までが期待されています。毎日の楽しい遊びのなかでこそ、心身の健やかな発達が保障されることを念頭に置き、身体活動を保育のなかに位置づけることが大切です。

演習課題

① 発育曲線の記入のしかた、カウプ指数の出し方について学びましょう。

② 幼児期の運動発達を促す主体的な遊びを考えてみましょう。

【引用・参考文献】

Scammon, R. E.　The measurement of the body in childhood, In Harris, J, A., Jackson., C, M., Paterson, D, G. and Scammon, R, E（. Eds）.　The Measurement of Man, Univ. of Minnesota Press, Minneapolis.（1930）

河原紀子・港区保育を学ぶ会　『0歳〜6歳子どもの発達と保育の本』　Gakken　2011年

厚生労働省　「保育所保育指針解説」（平成30年2月）

厚生労働省 報道発表資料　「11月は『乳幼児突然死症候群（SIDS）』の対策強化月間です」（平成29年10月27日）http://www.mhlw.go.jp/stf/houdou/0000181942.html

田中昌人・田中杉恵　『子どもの発達と診断①〜⑤』　大月書店　1982年

平沼博将・繁松祐行・ラッコランド京橋園乳児死亡事故裁判を支援する会編著　『子どもの命を守るために　保育事故裁判から保育を問い直す』　クリエイツかもがわ　2016年

文部科学省　「幼児期運動指針」（平成24年3月）

吉田伊津美・杉原隆・森司朗　『保育形態および運動指導が運動能力に及ぼす影響』　日本保育学会大会発表論文集（57）　526-527　2004年

第6章

認知の発達

20世紀の発達心理学においてピアジェは心理学のみならず、学校教育などの分野に対しても大きな影響を与えました。ここでは、一般的な認知の特徴を知るとともに、ピアジェの理論について学びます。そしてさらに現代におけるピアジェの意義について考えたいと思います。

認知の一般的な発達過程

学習のポイント

これまでさまざまな研究によって乳幼児から児童期までの人間の認知特性が明らかにされてきました。ここでは、まずその主なものをみていきましょう。

 **コトバ**

追視

動いている玩具や自分の親などを目で追うこと。

人　物

ファンツ

Fantz, Robert L.
(1925- 没年不詳)

アメリカの発達心理学者。乳児の知覚能力についての研究を行い、人間の知覚的な選好は生得的なものであると考えた。

ギブソン

Gibson, James Jerome
(1904-1979)

アメリカの知覚心理学者。外界の事物に関する意味や価値が、心的世界ではなくて環境世界のほうに存在するという「アフォーダンス」の概念を主張した。

ウォーク

Walk, R. D.
(1920-1999)

ギブソンとともに視覚的断崖実験を行った。その結果から両眼視差による奥行き知覚は生後3か月ごろに可能であることが明らかとなった。

1　外界を理解する力の発達

　視覚に関しては、生後1週間で追視をするようになります。メルツォフとムーアの実験では生後数日の乳児でも自分の目の前にいる大人が口を開け閉めしたり、唇を突き出したり、口先をとがらせると、子どももそれと同じ反応（新生児模倣）をすることを発見しました。また、ファンツは生後6か月までの乳児に対してどの図形を好んでみるかという実験（選好注視法）をしました。その結果から乳児は人の顔に近い図形を長く注視することがわかりました。こうしたことから生後間もない赤ちゃんでも外界を理解する力はある程度備わっていることがわかります。

2　奥行などの三次元理解の発達

　ギブソンとウォークは、図6−1に示す装置を用いて乳幼児に奥行に関する理解があるかどうかということを調べました。これは視覚的断崖実験とよばれているものです。まず、装置の上に生後6か月の「はいはい」のできる乳児を座らせます。それからガラスの向こう側から母親に声をかけてもらいます。そのときに乳児は自分の母親がほほえんでよびかけるとガラスの上でも怖がらずに渡って母親のもとにいこうとします。しかし、これとは反対に母親が心配そうな顔をした場合、ガラスの上を渡ろうとはしませんでした。この結果から、このころすでに奥行の理解があることや、他者の表情からその人の意図を読み取ることが可能であると考えられました。

図6−1　視覚的断崖実験

出所：宮川萬寿美・神蔵幸子編著　『生活事例からはじめる保育の心理学』を参考にして作図

3　感受性期（臨界期）の存在

　身体が物事を受け入れるのには特にそれが適した時期というものがあります。たとえば、外国語を習得するのには年齢の早い時期からのほうがいいとよくいわれます。これは、単なる風説というわけではなく、ある程度の根拠があります。人間の脳にはシナプスとよばれる部分があります。これはニューロン（神経細胞）とニューロンの間の接合部分のことですが、このシナプスは誕生前から徐々に増加して人間の場合、おおむね3歳ごろにピークになります。最近では、こうした時期に適当な刺激を脳に与えなければ身体の器官が機能しなくなることがわかりました。

　たとえば、誕生からある時期の間に片方の目を、仮に眼帯などを用いて一定期間みえないようにしておくと、眼帯を外しても視力が戻らなくなることが人間の子どもで起こることがわかりました。シナプスには爆発的に増加した後、使われないものは死滅する傾向性があります。外の風景をみえないようにしたことで刺激がなくなり、身体が不要と判断することによって視神経が成長しなかったのだと考えられます。こうして心身の成長のためには一生の間で特定の期間に特定の刺激を受けることが重要だと考えられています。これを感受性期あるいは臨界期といいます。また、これは第1章でもふれた3歳児神話や早期教育の根拠ともなっています。第7章では言語に関する感受性期について解説しています。ただし、3歳児神話や早期教育の効果に関しては、まだまだ不明な点が多く、今後の研究結果が待たれています。

4　他者理解の発達

　子どもは早くから他者とのコミュニケーションが可能ですが、では子どもは自分の心と他者の心が別々のものであり、それぞれ独立していることを理解しているのでしょうか。他者の心を理解したり、類推したりする能力に関する考え方のことを心の理論といいます。もともと、この用語はプレマックとウッドラフの論文「チンパンジーは心の理論を持つか」において初めて用いられたものでしたが、その後これに基づいて乳幼児を対象にした研究が行われるようになりました。これに関する実験が、図6−2に示す誤信念課題です。

コトバ

コミュニケーション

二者間で情報、観念、感情などを伝え合い、わかり合う一連の過程のこと。

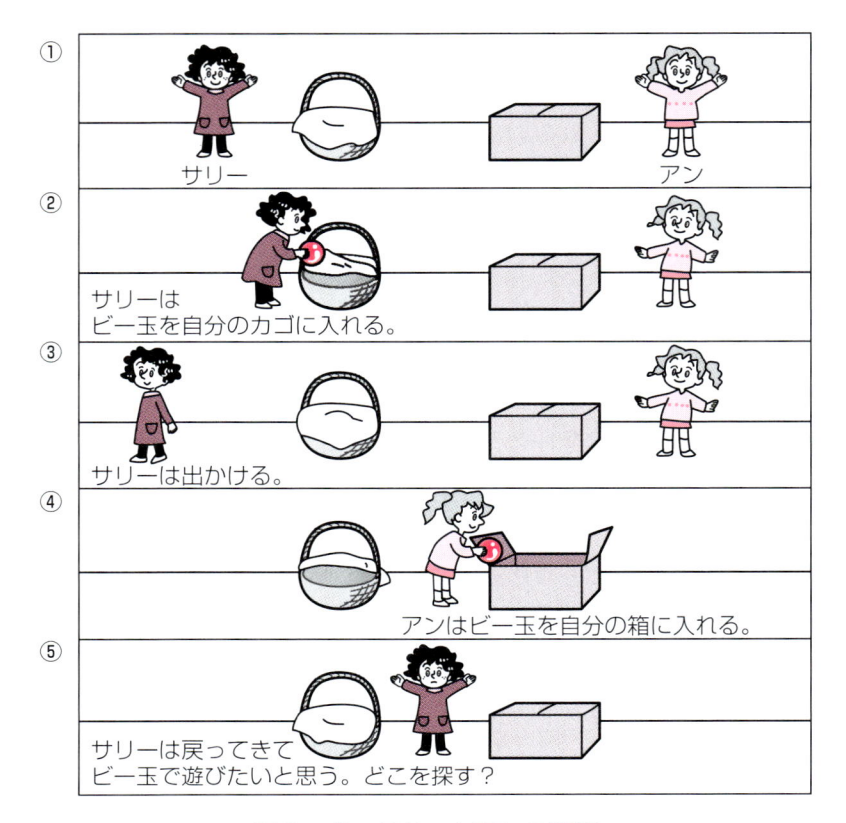

① サリー　　　　　　　　　　　　　　　　　　　　アン

② サリーは
ビー玉を自分のカゴに入れる。

③ サリーは出かける。

④ アンはビー玉を自分の箱に入れる。

⑤ サリーは戻ってきて
ビー玉で遊びたいと思う。どこを探す？

図6−2　サリーとアンの課題

出所：フリス　冨田真紀訳　『新訂　自閉症の謎を解き明かす』を参考にして作図

　この課題における登場人物はサリーとアンです。サリーとアンは、そ
れぞれカゴと箱をもっています。サリーはビー玉をもっていて、それを
自分のカゴのなかに入れてから外出しました。その間にアンがサリーの
カゴからビー玉を取り出すと自分の箱に入れてしまいました。では、外
から帰ってきたサリーがビー玉を探すとき、どこを探すでしょうか。正
解は皆さんもおわかりの通り、自分のカゴのなかです。しかし、３歳ぐ
らいの子どもは、サリーも自分がみたことと同じことをみたと考えてし
まい、他人と自分の心の区別がまだついていません。そのために「アン
の箱のなかを探す」と答えてしまいます。そして、この実験結果から４
歳ごろに「他人の心と自分の心は違う」ことが理解できるようになると
いうことがわかりました。

　ところで、サルに関しても自分がなす行動と同じ行動を別のサルがし
たのを観察したときに、それを観察したサルの脳内で活性化するニュー
ロンの存在が知られています。これはミラーニューロンとよばれていま
す。

5　メタ認知

　私たちは成長とともにさまざまな現象を理解したり、考えたりすることができるようになります。こうした心の働きのことを「認知」といいますが、たとえば何かについて考えている、その行為そのものについて考えることをさらにメタ認知といいます。つまりメタ認知とは、何らかの事柄に対する認知について上から観察するような認知のことです（図6－3）。藤村・三宮（2008）によれば、このメタ認知は心の理論が発達するおおむね4歳以降から可能になると考えられています。そして、加齢とともに自己の認知、あるいは意識に対する認知は精緻化されていきます。

　このメタ認知は、何かを学習するときにその効果を高める働きがあるとして近年注目されています。たとえば、何かの教科内容をテスト前に覚えようとするとき、紙に何度も書いて覚えたり、教科書を隠したりして工夫をしますが、いろいろ試してみてその効果を検討し、自分が覚えやすい方法を見つけるというのも一つのメタ認知といえるでしょう。自分がしていることを意識化することは、内省につながるために自分の考えや意識をある程度客観視することにもつながります。そして、そのためにメタ認知を活用した学習方略は効果的なのだと考えられます。たとえば大浦（2010）は、実際にそうした取り組みの具体的な例を報告しています。

《メタ認知》
〈自分が考えていることに関して俯瞰的にその意味を考える〉

自分が何かを考えている状態

図6－3　メタ認知の一例

コトバ

メタ認知

この語はもともと1970年代にフラベルやブラウンによって使われるようになった。両者の着目点はそれぞれ異なっていたが、現代においても大きな影響を与えている。

第2節
ピアジェの発達理論

学習のポイント
ピアジェは認知発達の分野において大きな影響力を及ぼしました。ここでは同化と調節を経てなされる4つの発達段階を中心にその概要を学びます。

1 認識の力が備わる過程

　人間が事物を何らかの形で理解することを「認識」といいます。たとえば、皆さんは学校でさまざまなことを学ぶでしょう。これも一つの認識にあたります。これは、何も大人に限ったことではありません。子どもが園庭で虫の色や形を理解したり、花の香りを楽しんだりするのも一つの認識です。このように人間は生まれてから自分の外の世界、そして物心がついたころには自分自身に対しても何らかの認識をもつようになります。

　しかし、自分が何らかの形で理解した何かに対するその認識はときと場合によって間違うことがあります。自分の考えていることが必ずいつでも正しいということはありません。では、人間の事物を認識する力とはどのようなものであるのか、またほかの動物とはどのように違うのだろうか、などといった疑問がわいてきます。ピアジェはこの人間が有している認識の力が誕生から成人するまでの過程のなかで、どのように備わってくるのかということを考えました。

2 主体と客体

　誰かが何かをみてそれが何であるのかを認識するとき、そのみる側の存在を主体、みられる側の存在を客体といいます。たとえば、今この本を読んでいる皆さんはこの場合の主体であり、読まれている本は客体という関係になります。しかし、主体と客体の関係はけっして固定されているものではありません。皆さんが自分の友人を認識するときは皆さんが主体でその友人が客体ですが、その友人からしてみれば、その友人が主体になり、今度は皆さんのほうが客体になるわけです。

　では、主体と客体は別々のものなのでしょうか。この点に関してピア

ジェは主体と客体は分離し難いものであり、お互いに影響し合っていると述べています。認識の問題とは、主体がいかにして客体を正しく認識できるようになるのかという問題です。もしも客体を間違って認識しているのならば、その認識に基づいて物事を判断したり、何らかの決定をしたりすることは極力避けたほうがよいでしょう。

　人間が何かを認識する場合、何らかの枠組みをもっていますが、これを構造といいます。この構造は初めからすっかり完成しているものではありません。人間は、外界から認識した情報を自分のなかに入れるわけです。これを同化といいます。こうして構造はしだいに構築されていきます。その過程は繰り返されることが多いのですが、この繰り返しによって一般化された行為のことをシェムといいます。構造やシェムは、たとえば自分の考えの間違いに気がついて、つまり外界の情報によって修正されることがあります。このことを調節といいます。認知的な適応とは、同化と調節の均衡から成り立ちます。

3　ピアジェの発達段階論

　こうした過程を経て人間の認識は新たな要素を構成しつつ発達するとピアジェは考えました。それにはおおむね表6−1に示す4つの発達段階があるとされています。

表6−1　4つの発達段階

感覚運動期　　0歳から2歳ごろまで
この時期は感覚的に自分の外の世界を理解し、なおかつ働きかけていく傾向があります。こうして感覚運動的知能を発達させていきます。主な特徴として次のものがあります。 ●吸啜反射 　原始反射の1つであり、口に何かが当たるとそれを強く吸おうとするものです。 ●物の永続性 　何かの玩具をハンカチで隠したとしても、その下に玩具が存在しているということを理解することです。 ● A not B error 　赤ちゃんがみている目の前でハンカチ A の下に置いてあった玩具をハンカチ B の下に移動しても赤ちゃんは最初に玩具があったハンカチ A の下から玩具を取り出そうとします。 ●延滞模倣 　何かの経験をした後、しばらく時間が経過した後で自分が経験したこと

コトバ

シェム
一般の邦訳では、これを「シェマ」とよんでいる。しかし、厳密にいえば「シェム」と「シェマ」は違う概念である。シェマとは、たとえば「町の地図」のように単純化されたイメージのことを意味しているのに対して、シェムとは、単なるイメージではなくて繰り返しなされる行為をともなって獲得された動的な認知的理解のことを意味している。

を模倣して再現するような行為。たとえば兄がしたことを見聞きした弟が、時間がたってから同じことを「まね」しようとする行為です。模倣が延滞化してイメージとなることにより、それは象徴の源泉となります。象徴機能は生後2年目に獲得されます。

前操作期　2歳ごろから7歳ごろまで

この時期はまだ感覚的な情報に大きく影響を受けています。論理性はほとんどありません。主な特徴として次のものがあります。

● 象徴遊び（ごっこ遊び）

バスの玩具の代わりに箱で遊んだり、刀の代わりに新聞紙を丸めて遊んだりするように何かを別の物に見立てる遊びです。

● 自己中心性

他人と自分は違う視点をもって物事をみることが可能であるということが理解できないことです。そのために他人と自分の認識した内容が未分化の状態となっています。さらに、ピアジェは6歳から7歳ぐらいの子どもが他者とのコミュニケーションを目的としたのではなくて、自分自身に対して独語をしているのを観察したことから、それを自己中心語とよびました。

● みかけの変化による認知の揺らぎ

直観的に物事を考えたり判断したりする傾向がみられます。たとえば、同じ長さの棒を端と端を合わせて並べれば、どちらも同じ長さと答えるのに、一方の棒を左右いずれかに少しずらすだけで長さが変わってこちらの棒のほうが長いとか、こちらの棒のほうが短いとかいうふうに判断が変わってしまいます。このように保存の概念がありません。

具体的操作期　7歳ごろから12歳ごろまで

この時期になると徐々にみかけにとらわれないで物事を判断したり、考えたりすることができるようになります。主な特徴として次のものがあります。

● 保存概念の獲得

みかけの変化に惑わされません。前操作期の場合とは異なり、たとえば同じ長さの棒を左右どちらにずらしても長さが変わらないこと（同一性）や、もとに戻せば同じになること（可逆性）などを正しく認識できるようになります（図6-4）。

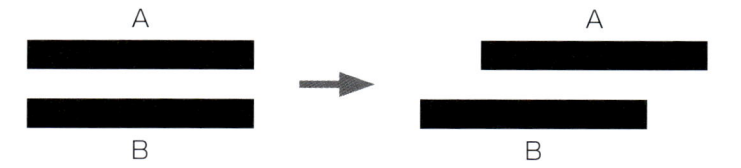

同じ長さの棒AとBを少しずらすと7歳以前の子どもの場合、両方の棒の長さは同じではないと判断する。7歳ごろから棒をずらしても長さは変わらないことが理解できるようになる。

図6-4　長さの保存課題

象徴機能

指し示される対象と何らかの点で類似性は残しつつも、そのものからは分化して対象を代理して表現する機能のこと。

三つ山問題

3つの大きさが異なる山が各々一部重なり合うようにみえる状態で、子どもを異なる場所からその3つの山を観察させた後、自分が現在いる位置の向かい側にいた場合にどのようにみえるかと質問してみると、子どもは自分が現在いる位置からみえる風景が向かい側にいたとしてもみえると答える。このように前操作期の子どもは、場所が違えばみえ方も異なるということを理解できず、自分の視点で物事を考えることしかできない。

- 具体的な事物を用いた論理的操作
  目の前に具体的な事物があれば、それに関して論理的に物事を考えることができるようになります。

形式的操作期　12 歳以上

この時期になると、考え方がおおむね大人のようになります。主な特徴として次のものがあります。
- 形式的な命題操作の遂行
  「もし～ならば、・・・である」といった条件文や「～または・・・」といった選言文に対する理解が深まります。
- 仮説演繹的思考の発達
  論理的な思考も可能となり、具体的な事物が目の前になくても頭のなかで結果などを予想して仮説を立てることが可能になります。
- 「割合」などの抽象的な概念の理解
  具体物に限らないで、抽象的な概念を取り扱えるようになります。
- アニミズムからの脱却
  アニミズムとは、無生物に対して生命があるとする考え方ですが、この時期には動植物のみに生命があると正しく認識することができるようになります。

出所：ピアジェ，J.　中垣　啓訳　『ピアジェに学ぶ認知発達の科学』を要約

　子どものアニミズムに関して、これは無生物と生物の違いに関する概念の理解が不十分であるということなのですが、郷式・子安（2016）が指摘しているように大人でも自然環境に対して何らかの生命力を感じたりします。したがって、純粋に発達だけの問題ではなくて文化的な影響も関係していると考えられます。

　以上のようなピアジェの発達理論は、世界の教育にも大きな影響を与えています。たとえば、わが国でもピアジェの発達理論に沿いながら子どもの考える力を育てようとする幼稚園の事例がみられます。こうした教育活動における基本は、ピアジェの発達段階に基づきながら子どもの知能を刺激することにより、その思考力や創造性を高めることにあります。それは単なる知識の詰め込みではなくて、子どもの主体性を尊重した全人格的な教育であり、こうした方向性をもって子どもに接することはとても大切だと思われます。

コトバ

演繹

与えられた前提から論理的に結論を導き出す思考の形式のこと。たとえば「もしも天気が良ければ公園に行く」を大前提とし、「天気が良い」を小前提とした場合、結論として「公園に行く」が導き出される。これに対して数多くの具体物から結論を導き出す思考の形式のことを帰納という。たとえば「昨日、太陽が東から上った」、「今日も太陽が東から上った」という事例から「明日も太陽は東から上る」と結論するもの。

ピアジェ理論の発展

学習のポイント

ピアジェは認知や思考にとどまらず、幅広い領域に渡って研究しています。ここでは道徳に関する興味深い実験とそれを発展させたコールバーグについて学びましょう。

① 道徳に関するピアジェの実験

　ピアジェは子どもを対象にして道徳的判断の発達過程についても研究しました。たとえば『臨床児童心理学Ⅲ　児童道徳判断の発達』のなかで、以下のような話を子どもに聞かせて後から質問しました（p.146 より）。

　A　ジュールという小さな男の子がいました。お父さんが外出したので、お父さんのインク壺で遊ぼうと思いました。はじめはペンで遊んでいましたが、そのうちにテーブル掛に少しインクをこぼしてよごしました。

　B　オーギュストという小さな男の子がお父さんのインク壺が空になっているのを見付けました。ある日お父さんが外出いたしました時、そのインク壺にインクを入れてお父さんが帰って来た時喜ばせようと思いました。しかしインク壺を開けた時、テーブル掛を大きくよごしました。

　この2つの話に対して、どちらの子のほうが悪いかと質問してみると、子どもはどのように答えると皆さんは思いますか。実際のところ、7歳の女子では動機よりもテーブルを大きく汚した子のほうが悪いと答えました。ピアジェによれば、10歳までの子どもには2タイプの回答があります。1つは動機を考慮しないで結果だけで善悪を判断するものであり、もう1つは動機のみを考えるものです。子どもによってその判断はいつも一定しているというわけではありませんが、物質的な結果によって判断する傾向は年齢とともに減少することがわかりました。しかし、その大まかな目安は、平均して7歳では物質的な結果によって判断するが、平均して9歳では動機によって判断するというものでした。

　この2つの態度が単に個人的なものであったり、家庭教育によるもの

であったりするならば、平均年齢が一致するはずです。ところが、実際には差がみられたことから、これは発達によるものであるとピアジェは考えました。そして、動機よりも結果に基づいて物事の善悪を判断することを道徳的実念論といいます。

② コールバーグの道徳性発達理論

コールバーグはそれをさらに発展させました。コールバーグによれば、道徳判断には普遍的、規則的な年齢による発達傾向がみられます。その発達段階は以下の通り6つがあります。

段階1　服従と罰への志向

優越した権力や威信に対して自己中心的な服従をする。

段階2　素朴な自己中心的志向

自分の欲求、ときには他者の欲求を道具的に満たすことが正しい行為であると考える。行為者の欲求や視点によって価値は相対的であるという理解がある。素朴な人類平等主義および交換と相互性への志向がみられる。

段階3　よい子志向

他者から是認されることや、他者を喜ばせたり、助けたりすることへの志向がみられる。大多数がもつステレオタイプのイメージ、あるいは当然な役割行動への同調がみられる。

段階4　権威と社会秩序の維持への志向

義務を果たし、権威への尊敬を示し、既存の社会秩序をそのもの自体のために維持しようとする。

段階5　契約的遵法的志向

一致のために作られた規則や期待がもつ恣意的要素やその出発点についての認識がある。義務とは、契約、あるいは他者の意志や権利の冒涜を全般的に避けること、大多数の意志と幸福に関して定義される。

段階6　良心または原理への志向

現実的に定められた社会的な規則だけではなく、論理的な普遍性と一貫性に訴える選択の原理に志向する。良心や、総合的な尊敬と信頼への志向がある。

（永野監訳 p.44 をもとに一部改変）

コールバーグは、道徳的な概念や志向の大部分は年齢が増していく過程のなかではじめて意味を獲得し、社会的な経験や認知的発達という幅

人　物

コールバーグ

Lawrence Kohlberg
（1927-1987）

ニューヨーク生まれの心理学者。コールバーグの考えは、道徳的判断の背後にある認知的な構造に焦点をあてたことに大きな特色がある。

広い背景を必要とするものの、それは単なる道徳的な決まりごとを連続的に獲得するようなものではなくて、子どもと社会的環境との相互作用から生ずる構造であると考えました。つまり、高次のタイプの道徳的思考は、より低い思考様式に何かが付加されたものではなくて、それを統合し、置き換えられたものなのです。これに関して櫻井（1997）は、日本人の道徳判断の発達に関して調査していますが、その結果はおおむねコールバーグの考えとも一致するものでした。

　これまでみてきたようにピアジェは発達心理学の領域において大きな影響を与えてきました。それから約半世紀が経ち、現在ではさまざまな批判や見直しがなされるようになりました。その多くのものは、ピアジェが想定した年齢よりもずっと早くから子どもは実験課題を達成する能力が備わっているというものです。この点に関しては賛否両論があり、まだ完全に解決しているわけではありません。しかし、いずれにしても私たちはピアジェの遺産を受け継ぎ、そのよしあしを考えながらそれを今後の保育に役立てていくことが大切でしょう。

演習課題

① 　ピアジェに対する最近の批判意見について調べてみましょう。
② 　メタ認知についてその利点を考えてみましょう。

【引用・参考文献】

コールバーグ, L.　永野重史監訳　『道徳性の形成——認知発達的アプローチ』　新曜社　1987 年

ピアジェ, J.　大伴　茂訳　『臨床児童心理学Ⅲ　児童の道徳判断の発達』　同文書院　1957 年

ピアジェ, J.　中垣　啓訳　『ピアジェに学ぶ認知発達の科学』　北大路書房　2007 年

フリス　冨田真紀訳　『新訂　自閉症の謎を解き明かす』　東京書籍　2009 年

Premack, D., & Woodruff, G.,　Does the chimpanzee have a theory of mind? *Behavioral and Brain Sciences*, 1,（1978）

伊藤　篤編著　『保育の心理学』　ミネルヴァ書房　2017 年

大浦賢治　「メタ認知的学習方略による算数文章題の指導事例」『日本学校心理士会　2010 年度大会　プログラム・発表論文集』　2010 年

大浦賢治　「子どもの条件文解釈における実用的推論スキーマ説の妥当性」『発達心理学研究　25』　207-220　2014 年

郷式　徹・子安増生編　『よくわかる認知発達とその支援』　第 2 版　ミネルヴァ書房　2016 年

子安増生編　『よくわかる認知発達とその支援』　ミネルヴァ書房　2016 年

櫻井育夫　『道徳的判断をどう高めるか　コールバーグ理論における道徳教育の展開』　北大路書房　1997 年

津本忠治　「脳と心のお話《第九話》脳発達と感受性期のお話」
http://www.brain-mind.jp/newsletter/09/story.html（2018 年 11 月 24 日アクセス）

藤村宣之・三宮真智子編著　『メタ認知　学習力を支える高次認知機能』　北大路書房　2008 年

松本峰雄監修　『保育の心理学演習ブック』　ミネルヴァ書房　2016 年

宮川萬寿美・神蔵幸子編著　『生活事例からはじめる保育の心理学』　青踏社　2015 年

森上史朗・柏女霊峰編　『保育用語辞典 第 8 版』　ミネルヴァ書房　2015 年

谷田貝公昭・原　裕視編　『子ども心理辞典』　一藝社　2011 年

第7章

言語の発達

言語は、他者とのコミュニケーションにおいて不可欠なものですが、人類はいつから言語を使用してきたのでしょうか。また、それは一人の人間が誕生するとともにどのように発達していくのでしょうか。ここでは人間とほかの動物を区別するうえで大きな特徴である言語について考えます。

第1節
言語の起源

学習のポイント

大人は日常的に言語を使用していますが、生後間もない乳幼児でさえも前言語的なコミュニケーションをしています。ここでは人類が言語を獲得した状況について学びましょう。

1　言語能力の起源

　人類が知能を進化させて言葉を使用するようになった背景には直立二足歩行の影響が大きいといわれています。内田（2005）によれば、ホモ・サピエンスの大脳の重さの平均は男性が 1,400 グラム、女性が 1,350 グラムであり、直立歩行をし始めてからおおむね 300 万年を経て現在の大きさに進化しました。また、脳はあるときに飛躍的に大きくなり、その後変化のない時期が続き、また大きくなる段階がくるというように断続並行的に進化したと考えられています。そして、原始言語（叫び声）は、大脳が飛躍的に拡大するのに先行して出現していたようです。

　われわれ、ホモ・サピエンスに一番近いヒトとしては、4 万年前まで同じ時代に生きていた存在、ネアンデルタール人がいます。内田によれば、その大脳の重さは 1,500 グラムであり、現代人よりも大きかったのですが、頭蓋骨の頭頂部はホモ・サピエンスよりもふくらんでいないので、象徴機能はそれだけ未成熟であったと考えられています。このことは、彼らが使用した石器の形状に多様性がみられなかったことからもうかがえます。また、声帯の位置がホモ・サピエンスと比較してかなり低い位置にあったために自由に音声を出すことも困難であったと考えられています。このことから言葉が発生したのは、少なくともネアンデルタール人以降であったと考えられます。

　また、ポルトマンが主張した生理的早産（第 2 章参照）が、人類が言語を得るきっかけをつくったと内田は述べています。それは、誕生後一人で活動できない乳児は親の助けを必要としており、そこから人間に特有なコミュニケーションが生じることで、それが音声言語や身振り語を発展させる要因になったと考えられるためです。内田が指摘している通り、社会的やりとりをする相手との間に成立する心理的絆である愛着を成立させることによって、子どもは言語を発達させるのだと考えられます。

2　サルなどとの比較からみた人間の言語

① 生後6週から8週

　人類は大脳を発達させてきましたが、正高・辻（2011）によれば、そのなかでも特に言語に関係ある感覚性のウェルニッケ野とよばれる部位が、運動性のブローカ野とよばれる部位よりも早く完成したと考えられています。生後すぐの段階では泣くことによって自分の生理的な欲求や不快感を表現しますが、生後6週から8週の子どもはクーイングという「あ〜」とか「う〜」というような声を出して初歩的なコミュニケーションをとろうとします。正高・辻は、クーイングは万国共通のものではなくて、母親の声にしたがって上がり調子であったり、下がり調子であったり、音自体は変化するとしています。こうしてイントネーションを変えることによって意思の伝達が試みられます。

② 生後6か月ごろ

　生後6か月ぐらいになって喃語期に入ります。喃語とは「ばぶばぶ」などのように子音と母音が組み合わさってできる多音節からなる語のことです。この喃語もやはりその子どもが属している言語共同体の影響を受けて発せられます。正高・辻は、言葉を習得していくプロセスでは、子どもの側だけではなくて、親の側が子どもに対してどのような接し方をするのかということも重要だと考えています。たとえば、子どもの言葉に対して母親がその言葉を繰り返しいってあげることは、その子どもにとってフィードバックになります。子どもは、まわりの人とのコミュニケーションを通じてさまざまなことを学習していきます。

③ 言語を獲得してく過程

　こうして子どもが言語を獲得していく過程は、あらかじめプログラミングされていると考えられています。正高・辻によれば、チンパンジーの子どもが模倣をするということに関して確固としたデータがないものの、人間には確かな模倣能力があるとされています。ただし、その模倣を必ず促進するような行為が養育者から子どもに対してなされることが重要です。子どもは、自分の発声を親が模倣することによって、それが親和的な表現であるということを理解するようになります。それから率先して模倣するようになります。このことから、模倣することは、言語獲得にとって重要な条件であると考えられます。

言語に関する一般的な発達傾向

1　非言語コミュニケーション

　大人とのやりとりを経て1歳ごろに子どもはようやく単語を発するようになります。しかし生後間もない子どもではほかの人が出す声よりも母親が出す声に反応する様子がみられることから生まれる前から母親の発話をすでに胎内で聞いているようです。

　乳幼児は1歳を過ぎるころまで言葉を自由に使うことがまだ十分にできません。しかし、泣き声とともに身体的な動きをすることによってまわりの人と意思の伝達を試みようとします。このように身振り、表情、視線、声の調子などといった言葉以外の手がかりを用いて行われる意思の伝達を非言語コミュニケーションといいます。言葉が話せなくても乳幼児はさまざまな手段を用いて他者とコミュニケーションをとろうとします。その働きかけに対して大人が反応することによりさらに他者とのやりとりを求める動機づけがなされます。

　他者の注意と自分自身の注意を重ね合わせる共同注意は、1歳少し前ごろから可能となります。しかし、子ども自身が養育者とは違う対象に注意を向けていたときに、その養育者が何かの単語を突然発した場合、そちらに対する注意を優先してその指示対象を見定めるようにすることは1歳半くらいにならないと確実にはできません。

2　発話の発達

　1歳の前半における子どもの発話は、一度に一つの単語を発するだけのもの（一語発話）ですが、1歳半を過ぎて語彙の爆発的な増加期に入ると一度に二語（二語発話）を発し、さらに三語以上つなげた発話（多語発話）がみられるようになります。そして、3歳ごろまでに語彙数は約600語になるといわれています。また4歳における傾向としては、過

去に起こった出来事を話せるようになり、修飾語がいくつも付く文章を「まね」できるなどの特徴があります。さらに5歳ごろになると文字や数字に興味を示すようになってきます。

　しかし、その子どもに対してその周囲で話される言葉も子どもの語彙能力に影響を与えていると考えられています。たとえば、どこの国の子どもでも英語のRとLの違いを最初は区別できるのですが、日本語のようにそのような区別がなされない言語圏で育った場合、その子どもはRとLの違いを区別するのが困難になる傾向があるといわれています。ここから言語獲得には臨界期、または感受性期とよばれる時期があると考えられています。つまり、これは子どもの言語発達がまわりの環境によって左右されるということを意味しています。

3　言語の獲得方法

　言語獲得に関しては2つの方法があると考えられています。その1つは表出志向です。これには、最初に獲得した50語のなかに代名詞やあいさつなど社会的相互作用に用いられる言葉が多く含まれているという特徴があります。また、この方法を好む子どもには耳にした文全体を丸ごと覚えてそのまま使用する傾向がみられます。

　これに対してもう1つは命名志向です。これには、最初に獲得した50語のなかに名詞の占める割合が高いという特徴があります。また、この方法を好む子どもにはまず単語を覚え、それをつなげて文をつくるという傾向がみられます。これは、部分から全体に積み上げていくやり方です。このように単語や語彙の獲得には個人差もみられるわけです。いずれにしても子どもはまわりの人との関わりを通して自分の語彙を豊かにするとともに、コミュニケーション能力を高めていくのだと考えられるでしょう。

　ところで、子どもと大人とのやりとりのなかでマザリーズという現象がみられます。これは、たとえば母親が幼い子どもに話しかけるときに、自覚する、しないに関係なく、声のテンポが遅くなり、ゆっくりになって、しかも声が高めになって抑揚が誇張されるという現象です。正高・辻は、母親が子どもに接する際の言語的な情報や音声的、韻律的な刺激の与え方などが、子どもの言語習得にもかなりの影響を与えていると考えています。また、マザリーズが養育行動に重要な役割を果たす理由は、ふだんよりも高めの音の発話に子どもの聴覚は敏感に反応するためだと考えられています。

4　言葉と概念の関係

　人々がコミュニケーションをする場合、言葉や概念は重要な要素であるわけですが、では言葉と概念はどのような関係にあるのでしょうか。ここでは、今井と針生（2007）を参考にして考えてみましょう。まず、この関係を考える場合、言葉が先にあるのか、それとも概念が先にあるのかということで、意見が分かれています。

　言葉が先であると考える立場としては、バウアマンのように概念の形成に言葉の学習が大きく貢献するという考え方があります。たとえば空間にはあらかじめ軸や境界のようなものが存在しないので、それを言語的に分類したり、区別したりする方法が言語によって異なるということは、言葉が概念よりも先に存在しているからだと考えるわけです。また、これとは反対に概念が先にあると考える立場としては、単語の学習はすでに存在している概念に語を対応づけしていく過程であるというロッシュのような考え方があります。

　これらに対して今井と針生は、意見が異なる2つの立場は対立しているようにみえるけれども、それは概念の性質によってどちらが優勢になるか、ということが変わるという問題だとしています。つまり、個物の概念にしろ、動作や関係の概念にしろ、まったく白紙の状態から何の制約もなしに言語が概念を形成するということは可能性が低いとしています。そして、個物の名称は指示する概念が世界の自然な区別を反映していると考えられるために関係の概念と比較すれば、「概念のほうが先」である色彩が強いとしています。

　しかし、動作や関係を記述する語の学習では、言葉が概念の形成を助ける色彩が強いと考えられており、いずれにしても言葉を学習するためには、足がかりとなる原初的な概念か、あるいはそのような概念を形成する能力が必要であるとされています。

　言葉と概念の関係は、両者が密接に関わっているためにどちらが先にあるのかというのは難しい問題です。しかし、少なくとも両者は相互に作用し合う部分があると思われます。この問題に関しては、今後さらなる研究が必要でしょう。

言語に関するヴィゴツキーの発達理論

学習のポイント
ここではヴィゴツキーが思考と言語の関係をどのように考えたのかということを中心にみていきましょう。ピアジェとは、どのような共通点あるいは相違点があるでしょうか。

ピアジェと同様にヴィゴツキーも想像力や情動などさまざまな観点から子どもの認知について考えました。しかし、彼の主著ともいえる『思考と言語』によって詳細に論じられているように、そのなかでも特に言語の問題に重点が置かれています。

1　無言語期から言語期への移行

ヴィゴツキーは『新児童心理学講義』のなかで、1歳の時期において無言語期から言語期への移行が、子どもの自律的な言葉を介して行われるとしています。自律的な言葉の意味は大人が用いる単語の意味とは一致しないものであり、子どもが何かに積極的に参加する場合に形成されるなどの特徴があります。

幼児期になると、言葉の発達はこの時期の子どもの中心的な事柄になります。それは、言葉の発達が周囲の環境に対する子どもの関係を大きく変えるからです。子どもの言葉の音声的側面は、意味的側面に直接機能的に従属して発達していきます。言葉の音声的側面は、音韻論的関係の法則によって機能しています。

また、言葉の発達の道筋は、日常的に使われている言語によっても異なります。たとえば日本語と英語でその仕組みが異なるように、どの言語にもさまざまな体系があり、それらの体系を習得することによって子どもの言葉は発達していくのです。

ヴィゴツキーは『思考と言語』のなかで、思考と言語の個体発生においても別々の根拠が見出されており、思考の発達に「前言語的段階」があるのと同じように、子どもの言葉の発達にも「前知能的段階」があるとしています。さらに、思考と言語は相互に独立した異なる発達路線に沿って進むことや、一定の時点で2つの路線が交差することにより、それ以降は思考が言語的となり、言葉は知能的になるとしています。

人　物

ヴィゴツキー
L. S. Vygotsky
(1896-1934)
旧ソビエトの心理学者であり、ピアジェとは異なる観点から思考や言語の発達に関して検討した。子どもの問題解決の発達には大人の援助によって成立する段階と自主的な活動によって成立する段階の2つがあると考えた。

2　内言と外言

　言語には話し言葉、書き言葉がありますが、ヴィゴツキーはもう一つ思考手段としての言葉の役割を考えました。これを内言といいます。内言がなされることによって思考する力が強まります。ヴィゴツキーは、他者とのコミュニケーションを行う際に使われる言語である外言が先に出現して、その後で外言と内言が分化していくと考えました。

　ピアジェは、6歳から7歳ごろに現れる言語表出を自己中心語とよんでいましたが、ヴィゴツキーは自己中心語が内言の発達に先行する一連の段階であるとしています。自己中心語は内言に似た知的な機能を遂行するものであり、構造においても内言に近いものです。自己中心語は消滅するのではなくて内言へ移行する性質をもっています。ヴィゴツキーは『精神発達の理論』のなかで、言語は自然的段階、言葉を物の性質のようにみる魔術的段階、外的段階、そして最後に内言の段階の順に発達するものとして考えました。

3　高次精神機能

　言語に関してヴィゴツキーは『思考と言語』のなかで外国語を学習することの意義について言及しています。それによると、外国語の学習は母語の発達とは正反対の道をたどるとされています。たとえば、母語の場合文法や音声などを意識しないで使用していますが、外国語の場合はほとんど意識しながら使用するでしょう。母語と外国語では学習の過程が異なるわけです。しかし、母語の学習と外国語の学習は相互に影響し合うものであり、母語は外国語を学習することによって初めて意識的に理解されるものであるとヴィゴツキーは考えています。

　しかしながら自己中心語の段階にある子どもは言葉を記号として使用します。そして、子どもは自分で自分と議論しながらやらなければならない重要な要素を引き出し、さらにこの段階から内言の段階へと移行するのです。ヴィゴツキーは『新児童心理学講義』のなかで、一連の個々の要素的機能を複雑な協同へと結びつけることにより新しい心理体系が発生するが、この心理体系のことを高次精神機能とよんでいます。このようなヴィゴツキーの考えは、ピアジェとかずかずの点で異なる部分があります。しかし、両者は相反するものではなくて相補的な関係にあることをバークとウインスラーは指摘しています。

4　発達の最近接領域

　ところで、子どもが成長するには、何らかの形で大人による働きかけが必要ですが、特に教育に関してヴィゴツキーは発達の最近接領域という概念によって学習が可能になるとしています。教師が子どもに何かを教えることと、子ども自身の発達は直接には一致するものではありません。それは、複雑な相互関係のなかにある2つの過程なのです。そして、教えることはそれが発達の前を進むときにのみよい教授となります。つまり、発達の最近接領域とは、子どもが自分の力で解決できるレベルと、自分よりもレベルの高い人の助けを借りれば解決できるレベルとの間にある領域のことであり、教えることの効果はこの領域においてなされるときにのみ最大になると考えられました。ヴィゴツキーは『思考と言語』のなかで以下の通り述べています。

　「教育学は、子どもの発達の昨日にではなく、明日に目を向けなければならない。その時にのみ、それは発達の最近接領域にいま横たわっている発達過程を教授の過程において現実によび起こすことができる」

(P.303)

　ヴィゴツキーが指摘しているように子どもに何かを教える場合には、その子どもが発達の途上にあることを意識することが大切です。そして、教師や保育者には子どもの現在の学習レベルを把握しながら目標となる点まで能力が伸ばせるように創意工夫をしていくことが求められるでしょう。すなわち、かつては学校現場で主流であった詰め込み教育のようにやらせてみてできないから「はい、お終い」というのでは教育とはいえません。そうではなくて、子どもに手を差し伸べることにより能力を引き出したり、育んだりする姿勢が大切なのです。この点は保育や幼児教育においても特に重要でしょう。

コトバ

詰め込み教育

発達の最近接領域という考え方と対照的なものとして、たとえば「詰め込み教育」があげられる。これは、子どもの理解の有無にかかわらず、大量の知識を一度に教え込もうとするやり方であり、日本では1980年代ごろまで多くの学校現場で行われていた。現在では「ゆとり教育」による学力低下の反省も経て、アクティブラーニングが主流となりつつある。

言語の障害

言語の発達は、何らかの理由があって阻害されることがあります。ここでは山中（2017）を参考にしながら言語発達に何らかの障害がある場合についてみていきましょう。

1　言語障害

　言語障害には、聴覚障害、言語発達障害、構音障害、吃音などがあります。

① 聴覚障害

　聴覚に障害があると、人の声やさまざまな音が聞きづらかったりします。また、補聴器を付けていても周囲が騒がしいと相手の声が聞こえなかったり、後ろから話しかけられてもわからなかったりすることがあります。そして、そうした事情を知らない人からは「わざと無視したのかな」とか「私の話に関心がないのかな」という誤解を受けることがあります。聴覚障害のある人と話をするときには、相手の目の前に立って、ゆっくり落ち着いて話をすることが大切です。難聴を見逃さないためには、１歳６か月児と３歳児健康診査を子どもに受けさせることが大切です。

② 言語発達障害

　脳の機能に障害がある場合にも言葉の発達が遅れたりすることがあります。この場合、まわりの人に自分の気持ちをうまく伝えることができなかったり、作文が書けなかったりすることがあります。そして、そうした事情を知らない人からは「冷たい性格なのかな」とか「乱暴な人なのかな」という誤解を受けることがあります。しかし、脳の機能に何らかの問題があるために生じるものですので、けっして本人に悪意があるわけではありません。

③ 構音障害

　構音障害とは「くるま」のことを「たるま」といったり、「ライオン」のことを「レイオン」といったりするように声が出しにくかったり、上手に発音できない音がある障害のことです。構音障害があるという理解がまわりにないために「正しい言葉を知らないから」とか、「赤ちゃんみたいな人だ」という誤解を受けることがあります。構音の指導として

は、口や舌などを適切に動かせるように、噛んだり、吸ったり、飲み込んだりする練習があります。そのほかに特定の音を聞き取ったり、正しい音を聞き分けたりする練習があります。また、構音を調べるための検査もあります。

④ 吃音

　吃音とは「ぼ、ぼ、ぼくは……」といったり、「そ、そ、それ、知ってる」といったりするように同じ言葉を繰り返したり、最初の言葉が適切に出てこなかったりする障害のことです。吃音があるという理解がまわりにないために「人前で緊張しているのかな」とか、「音読の宿題をしてこなかったのかな」という誤解を受けることがあります。吃音は2歳から4歳の間に始まるとされています。吃音の指導としては、自由な雰囲気で「楽に話す」ことをすすめたり、自信がもてるように支援したりします。

2　言語障害の子どもに対する支援

　言語に何らかの問題がある子どもに対しては、これまでさまざまな支援がなされてきました。たとえば、学校のなかには「ことばの教室」が設けられています。ことばの教室では、正しい発音ができなかったり、やりとりに何らかの問題があったりする子どもに発音や言葉の使い方などを週に1回から2回教えています。子どもは鏡をみながら自分の口の動きを確認したり、息の吸い方やはき方の練習をしたりします。文章を読んだり、日記や作文を書いたりする練習もあります。

　言語の障害に関して、特に「聾者の言語と思考」の研究をしたファースによれば、聾者は健聴者と比較してさまざまな制約があるものの、その知能の基礎的発達と構造は音声言語の不在によって著しく影響を受けることはないとしています。そして、聾者が健聴者と異なってみえる大きな領域はパーソナリティ、動機づけなどのなかにあると指摘しています。したがってこの考えが妥当であるならば、仮に耳の聞こえない子どもがいたとしても適切な支援をすることによってその子どもの生活がより豊かなものになると考えられます。

　最近では、スマホやタブレットなどの道具を利用した支援も行われるようになりました。これらを有効活用すれば、言葉に不自由のある子どもたちも楽しく勉強したり友だちとのコミュニケーションをとることができるでしょう。したがって、こうしたICT（情報通信技術）の活用は今後ますます盛んになると思われます。子どもの言葉の遅れにはさまざまな原因が考えられますが、保育所や幼稚園で働く皆さんは日ごろか

ら子どもの様子を観察して、もしも子どもに何か気になるような症状がある場合は、早めの対応をするように心がけてください。また、保護者から子どもの言葉に関する相談があった場合にも適切な対応が求められます。

演習課題

① 言語に何らかの障害のある人に対する支援の方法には、どのようなものがあるのか調べてみましょう。

② 身体言語にはどのようなものがあり、言葉を使った場合とどのような違いがあるのかということを考えてみましょう。

【引用・参考文献】

ヴィゴツキー，L.　柴田義松訳　『精神発達の理論』　明治図書出版　1970 年

ヴィゴツキー，L.　柴田義松訳　『新訳版　思考と言語』　新読書社　2001 年

ヴィゴツキー，L.　柴田義松他訳　『新児童心理学講義』　新読書社　2002 年

バーク，L.E.　ウインスラー，A.　田島信元・田島啓子・玉置哲淳訳　『ヴィゴツキーの新・幼児教育法』　北大路書房　2001 年

ファース，H.G.　染山教潤・氏家洋子訳　『言語なき思考　聾の心理学的内含』　誠信書房　1982 年

今井むつみ・針生悦子　『レキシコンの構築　子どもはどのように語と概念をまなんでいくのか』　岩波書店　2007 年

岩立志津夫・小椋たみ子編　『よくわかる言語発達　改訂新版』　ミネルヴァ書房　2017 年

内田伸子　「言葉を話したか」　赤澤威編著　『ネアンデルタール人の正体　彼らの「悩み」に迫る』　朝日新聞社　2005 年

江尻桂子　「非言語コミュニケーション」　藤永保監修　『最新心理学事典』　平凡社　2013 年

汐見稔幸他監修　『はじめて出会う育児の百科　0〜6 歳』　小学館　2003 年

針生悦子　「言語発達」　藤永保監修　『最新心理学事典』　平凡社　2013 年

正高信男・辻　幸夫　『ヒトはいかにしてことばを獲得したか』　大修館書店　2011 年

森上史朗・柏女霊峰編　『保育用語辞典』　ミネルヴァ書房　2015 年

山中ともえ　『言語障害のある友だち』　金の星社　2017 年

第8章

アセスメント

子ども理解のためには、適切なアセスメントが必要です。そうしたアセスメントの意味と重要性を理解し、主な検査方法について学びましょう。また、発達の遅れや偏りがある子どもの特性を理解し、アセスメントの結果をどのように支援に生かすかについて学びましょう。

第1節
アセスメントとは

学習のポイント
子どもの状態像や困っていることを的確に把握するために行われるのがアセスメントです。
アセスメントをする意味について考えてみましょう。

1 アセスメントとは何か

これまでみてきたように、人間の発達はいろいろな側面からとらえることができます。何歳くらいでどのような発達をするのか、おおよその目安はありますが、人間の発達には個人差があります。また、子どもは特に発達が著しく、状態像が変化しやすいです。そのため、子どもを理解するためには、その子どもが現在どのような発達段階であるのか、どのようなことに困りそうか、どういった支援が適切なのかを把握する必要があります。そのために行われるものが「アセスメント」です。

アセスメントとは、一般的には「評価」「査定」という意味で使われます。対人援助においては、いろいろな方法で情報を収集し、対象者の状態、特性を明らかにすることを指します。アセスメントに用いられる方法には次のようなものがあります（表8−1）。

表8−1　アセスメントの方法

主な方法	概　　要
検査法	標準化された検査を使い、知能や性格などを評価、測定する方法（発達検査、知能検査、質問紙検査など）
面接法	相互にコミュニケーションをとり、質問に答えてもらう、自由に語ってもらうことで情報収集をする方法
観察法	注意深く、観点をもって対象の言動を観察することで理解を深める方法

増沢（2011）によると、アセスメントは①現在の子どもの状態像を把握し、②背景要因としての情報を把握し、③支援方針を立てるために行われるものです。現在の子どもの状態像を把握する観点と、背景要因としての情報を把握する観点には次のようなものがあげられています。これらの情報を総合的に把握し、子どもを理解しようとすることが必要です。

重要!!

支援

支援とは、「子どもの困っている気持ちに寄り添うこと」「子どもの実態を多面的に理解しようとすること」「解決に向けて具体的な手立てを講じること」をいう。

①現在の子どもの状態像を把握する観点

1）身体的側面…年齢、性別、身長や体重、顔立ち、髪型、服装などの容姿、姿勢や運動機能、疾病や障害など、身体に関する側面

2）心理的側面…基本的な生活の様子、情緒や感情コントロールの程度、感情表現や言語表現のあり方、不安や恐怖等の訴え、困難や課題への対処の様子など、心のありように関する側面

3）社会的側面…同年齢児との関わり、年長や年少児との関わり、同性や異性との関わり、家族との関係、集団活動の様子、年齢に応じた社会的スキルや社会的場面での活動の様子など

②背景要因としての情報を把握する観点

1）長期的な障害や素因…障害や疾病、事故の後遺症など

2）過去の環境的要因…養育環境、養育者との愛着形成、外傷体験など

3）現在の環境上の要因…ストレス要因、居場所など

2　アセスメントをする意味

　たとえば、「好きな食べ物は何？」と聞いたときに、答えが返ってこない子どもがいたとします。考えられる可能性はいくつもあります。聴力に問題があり、聞こえていない。言葉の理解ができずに何を聞かれているかわからない。言葉の表出が遅れていて、答えが出ない。恥ずかしがり屋の性格で、初めて会った人とは関わりがもてないなどです。

　いろいろな方法で多面的にアセスメントをすることで、子どもの発達段階や得意・不得意、性格や気質などをより正確にとらえることができるようになります。またその背景（なぜそのような行動をするのか）を理解することにつながります。

　子どもの状態像が理解できると、子どもが求めている支援がわかりやすくなります。たとえば、言葉の表出が苦手な子どもの場合は、無理に言葉で答えさせるのではなく、うなずいたり指で指したりして答えられるようにすることで、子どもの負担感が減るかもしれません。また、初めての人が苦手な子どもの場合は、慣れている人が隣にいることで安心して活動できるかもしれません。

　子どもの状態像を正確に把握しないと、大人が提供する支援が子どもの求めていることとずれてしまう危険性があります。そのためにアセスメントは重要です。しかし、「あの子はこういう子」「発達に遅れがあるからしかたない」「障害があるからできない」といった決めつけやレッテル貼りにならないように注意しなければなりません。

第2節
検査の種類

学習のポイント

子どもの状態像を客観的に把握するための検査について学びます。主な検査の種類と特徴を知っておきましょう。

　保育における日常場面では、観察をしたり、関わりを繰り返したりすることで、おおよその子どもの状態が推測できることが多いでしょう。しかしなかには、より精密に発達の状態を把握したほうがよい場合があります。その場合には検査を実施することになります。

　検査を実施するのは、医療機関や保健センターなどにおいて相談を受けている心理士や言語療法士などの専門家です。保育者は直接子どもに検査を実施することはありません。しかし保護者が検査結果をもって保育者に相談に来ることは考えられますので、主な検査の種類と特徴について学んでおきましょう。

①新版K式発達検査2001

　姿勢・運動、認知・適応、言語・社会の3領域ごとに、DQ（発達指数）とおおよその発達年齢を求めることができます。主に乳幼児の発達を調べる際に使用されています。

②田中ビネー知能検査

　年齢ごとに検査項目が並び、全体的な知的能力（だいたい何歳くらいか）の把握ができます。

③ウェクスラー式知能検査（5歳0か月〜16歳11か月用：WISC）

　全体的なIQ（知能指数）だけでなく、「言語理解」「知覚推理」「ワーキングメモリ」「処理速度」の4つの指標得点を求めることができます。そのため、個人のなかの得意なところ、苦手なところを把握でき、支援策を考えるうえで役立ちます。

④津守式乳幼児精神発達検査

　主な養育者に子どもの発達状況を答えてもらうことで、項目ごとの発

＋α

検査

検査は、一つだけ行われる場合も複数が組み合わされて行われる場合もある。たとえば、保護者からの聞き取り検査と併せて子どもに知能検査を実施するなど。

コトバ

知能指数

知能検査の結果を数値で表したもの。IQがだいたい100前後の範囲のとき、能力を年齢相応とみなす。

言語理解

ことばの理解や表出に関する能力。

知覚推理

目でみた情報を処理したり推理したりする能力。

ワーキングメモリ

耳から聞いた情報を記憶し、処理する能力。

処理速度

目でみた情報を処理し、素早く正確に書く能力。

達段階を知ることができます。0歳～3歳までは「運動」「探索・操作」「社会」「食事・排泄・生活習慣」「理解・言語」の5項目、3歳～7歳は「運動」「探索」「社会」「生活習慣」「言語」の5項目です。

⑤ S-M 社会生活能力検査

　乳幼児から中学生程度の子どもに適用される、主に日常の社会生活能力を測定するための検査です。「身辺自立」「移動」「作業」「コミュニケーション」「集団参加」「自己統制」の6領域から発達段階を知ることができます。

⑥ PVT－R絵画語い発達検査

　3歳0か月～12歳3か月の子どもに適用される、主に語彙理解力について調べるための検査です。言葉が意味する図版を指さしで回答することが特徴で、幼児や言語表出が苦手な子どもの言葉理解の程度を知ることができます。

⑦ グッドイナフ人物画知能検査

　A4の白紙1枚に、頭から足まで全身の人物画を描くように教示します。描かれた人物画について採点項目に沿って得点化することで、おおまかな知的能力の把握ができます。

⑧ フロスティッグ視知覚発達検査

　「視覚と運動の協応」「図形と素地」「形の恒常性」「空間における位置」「空間関係」の5つの領域から視知覚の発達の状態をみる検査です。視知覚能力の発達が不十分な場合、学習や情緒面で不適応を示す子どもが多いことがいわれており、検査で明らかになった苦手な部分を訓練に結びつける「学習ブック」も開発されています。

第3節
発達に遅れや偏りがある子ども

学習のポイント

発達に遅れがある知的障害、発達に偏りがある発達障害（限局性学習症、注意欠如・多動症、自閉スペクトラム症）の特性について学びましょう。

検査結果から子どもの状態像を知り支援策を検討する際に、発達に遅れや偏りがある子どもの特性を理解しておく必要があります。全体的な発達に遅れがあるものが知的障害です。発達障害は、ある能力は年齢相応やそれ以上だけれどもほかのある能力で著しい苦手さがある、すなわち発達に偏りがあるもので、限局性学習症、注意欠如・多動症、自閉スペクトラム症の3つがあります。

☐ 知的障害

知的障害とは、記憶、判断などの知的能力の発達が、同年齢の子どもに比べて遅れがあり、社会生活を送るうえで支障がある状態をいいます。知能検査によって測られたIQ（知能指数）が70以下の場合、日常生活能力が年齢よりも低く、支援が必要な場合に知的障害と判断されます。

☐ 発達障害

①限局性学習症／限局性学習障害

限局性学習症は、以前は学習障害（Learning Disability：LD）といわれていました。文部科学省による定義では「学習障害とは、基本的には全般的な知的発達に遅れはないが、聞く、話す、読む、書く、計算する又は推論する能力のうち特定のものの習得と使用に著しい困難を示すさまざまな状態を指すものである。学習障害は、その原因として、中枢神経系に何らかの機能障害があると推定されるが、視覚障害、聴覚障害、知的障害、情緒障害などの障害や、環境的な要因が直接の原因となるものではない。」とされています。つまり、読み、書き、算数、聞く、話すといった、学習に必要な能力のうちの一つないし複数に顕著な苦手さを示す状態で、ほかの障害や養育環境などが原因ではないものです。

なかでも、読みが苦手な読字障害、書きが苦手な書字障害、算数が苦手な算数障害は、限局性学習症としてよくみられる障害です。

1）読字障害

教科書を音読するときに文字を飛ばしてしまう、読み方がたどたどし

LD

LDは、Learning Disability だけでなく Learning Disorder の頭文字とされることもある。近年は Learning Difference（学び方の違い）ととらえていこうという傾向がある。

いなどがあります。

2）書字障害

　字をマス目におさめることができない、鏡文字を書く、漢字の偏^{へん}と旁^{つくり}を逆に書いてしまう、大まかな形しかとれないなどがあります（図8－1、図8－2）。

図8－1　小1「ふうせん」「きゅうり」　　図8－2　小3「鳥」

出所：小池敏英・雲井未歓・窪島 務編著　『LD 児のためのひらがな・漢字支援
　　　個別支援に生かす書字教材』より転載

3）算数障害

　数の概念がなかなか習得できない、文章題からどう計算したらいいのかがわからない、筆算の桁がずれてしまい計算間違いが多いなどです。

　幼児期はまだ学習に取り組むことがないので目立ちませんが、

　・書くことを好まない

　・数に興味を示さない

　・身体の使い方や指先が不器用である

などの特徴がみられることがあります。

②注意欠如・多動症／注意欠如・多動性障害（ADHD）

　年齢に対して、（1）不注意（2）多動性（3）衝動性が著しく目立ち学習や生活に支障がある場合に、ADHD と診断されます。

（1）不注意…集中が続かない、忘れ物が多いなど

（2）多動性…じっとしていられない、離席が目立つなど

（3）衝動性…カッとなりやすい、思いついたら行動してしまうなど

　（1）の不注意のみが目立つタイプ、（2）（3）の多動性・衝動性が目立つタイプ、（1）（2）（3）すべての特徴をあわせもつタイプがあります。

読字障害

ハリウッド俳優のトム・クルーズは読字障害であることを公表している。台本はマネージャーが読んで、トム・クルーズはそれを聞いて覚えているとのこと。

③自閉スペクトラム症／自閉症スペクトラム障害（ASD）

　症状の程度、知的な遅れをともなう場合の知的障害の程度によって状態像は異なりますが、共通してみられる特徴は次のようなものです。

１）他者との社会的関係の形成、やりとりの困難さ

　他者の感情や気持ちを表情から読み取ったり、場の空気を読んだりすることが苦手。感情を他者と共有することも難しく、集団活動ができにくい。

２）興味や関心が限定的で、強いこだわり

　興味をもったことにはとてもくわしく、「○○博士」といわれるほどの知識をもっている。変化に弱く、同じもの（同じ服を着たがるなど）、同じ日程が繰り返されること（同じ時間に寝るなど）を好む。

３）感覚過敏または鈍感

　シャワーを針が刺さるように感じたり、掃除機の音を頭が割れるほどの大きな音のように感じたりする。一方で、血が流れるようなけがをしても痛みを感じないような場合もある。

　聴覚・嗅覚・味覚・触覚のどこに過敏さがあるかは人によって異なるが、いずれにしろ配慮が必要である。園・学校では、たとえば聴覚過敏のある子がいる場合に、運動会のピストル使用をやめた例がある。

第4節
発達に遅れや偏りがある子どもの理解と支援

学習のポイント
ここでは、発達に遅れや偏りがある子どもについて、検査によってどのように理解して支援策を決定するか、具体例で見ながら学びましょう。

次の**事例1～3**のそれぞれの保育場面で、どのような支援ができるのか具体的に考えてみましょう。

事例1　自閉スペクトラム症（3歳）

　3歳（年少）男児。園にて一人遊びが多く、集団活動が苦手なことから3歳児健診時の発達相談で新版K式発達検査2001を実施。その結果、認知適応能力が年齢相応であることに比べて、言語社会能力が1歳6か月相当という差が認められた。また、言葉は知っているが、言葉を使って誰かに何かを伝えようとする意欲があまりみられない特徴があった。その後、医療機関を受診し、自閉スペクトラム症と診断された。園では次の活動が目でみてわかるように絵カードを用意し、事前に予告を行うようにした。

事例2　知的障害（5歳）

　5歳（年長）女児。クラス全体への指示では伝わらないことが多い。園では補助の先生が一人ついており、初めてのことに取りかかるときや場面の切り替わるとき、制作のときなどに個別に支援を受けながら過ごしている。小学校に入学する際にどのような環境を整えることがいいのか悩んだ保護者が就学相談を申し込み、田中ビネー知能検査を受けた。その結果、言葉の理解や表出、形や数の理解や操作など、能力全般が3歳児相当ということが明らかになった。本人のペースにあった学習をていねいに繰り返しながら学べる環境として、保護者は小学校の特別支援学級への進学を選択した。

> **事例3　限局性学習症（6歳）**
>
> 　6歳（小学校1年生）男児。忘れ物が多く、離席などで落ち着きがないこと、勉強を嫌がりなかなか取り組まないことを学校から指摘された保護者が市の教育相談室に相談、WISCを受けた。その結果、言葉の能力は年齢相応だったが、目でみて形を構成する能力に苦手さがあり、文字を書くことに負担があることがわかった。また、耳から聞いた情報を記憶することも苦手で、こうした能力のアンバランスが学習の取り組みの悪さや忘れ物の多さにつながっていることが推測された。そのため、言葉だけの指示を減らし、1つずつメモを渡して確認するようにした。また、個別指導で文字カルタを使いながら文字に親しむ時間を確保した。そうした関わりを続けるうちに、少しずつ着席して勉強に取り組める時間が増えるようになった。

個別指導

学校によっては、苦手な教科だけ別室で1対1、あるいは数人のグループで個別指導を行っているところもある。

　事例1について、たとえばトイレのとき、着替えのときにはどのように予告したらよいでしょうか。どのような絵カードを用意したらよいでしょうか。実際に描いてみましょう。

　子どもの状態像を理解するための手段として、障害の特徴や、検査でわかることを知っておくことは重要です。しかし大切なことは、診断名や検査結果の数値ではありません。「その子が何に困っているのか」「どのように支援をすれば生活しやすくなるのか」といった支援の視点をもち、子どもに寄り添いながら関わろうとする姿勢です。保護者や専門家と連携をとり、子どもの理解に努めるようにしましょう。

演習課題

① アセスメントの重要性についてまとめましょう。
② それぞれの発達障害の特性を整理し、保育場面でどのような支援ができるか考えてみましょう。

【引用・参考文献】

David　Wechsler　日本版 WISC-Ⅳ刊行委員会訳編　『日本版 WISC-Ⅳ知能検査　実施・採点マニュアル』　日本文化科学社　2010 年

飯鉢和子・鈴木陽子・茂木茂八　『日本版　フロスティッグ視知覚発達検査　実施要領と採点法手引＜尺度修正版＞』　日本文化科学社　1979 年

石井麻衣・成基　香・柏原亜津子・小池敏英　「軽度発達障害児における漢字書字の学習経過に関する検討──漢字学習に順行性の干渉が多く認められた事例について──」『東京学芸大学紀要　第 1 部門　教育科学』(55)　2004 年

生澤雅夫・松下　裕・中瀬　惇編著　『新版 K 式発達検査 2001 実施手引書』　京都国際社会福祉センター発達研究所　2002 年

上野一彦・名越斉子・旭出学園教育研究所編　『S-M 社会生活能力検査第 3 版手引』　日本文化科学社　2016 年

上野一彦・名越斉子・小貫　悟　『PVT-R　絵画語い発達検査手引』　日本文化科学社　2008 年

上野一彦・松田　修・小林　玄・木下智子　『日本版 WISC-Ⅳによる発達障害のアセスメント　代表的な指標パターンの解釈と事例紹介』　日本文化科学社　2015 年

神奈川県立総合教育センター　「支援を必要とする児童・生徒の教育のために」　2018 年
https://www.edu-ctr.pref.kanagawa.jp/Snavi/soudanSnavi/sassi/h30sienwo.pdf　（2018年 8 月 20 日アクセス）

小池敏英・雲井未歓・窪島　務編著　『LD 児のためのひらがな・漢字支援　個別支援に生かす書字教材』　あいり出版　2003 年

厚生労働省　「知的障害児（者）基礎調査：用語の解説 1 知的障害」
http://www.mhlw.go.jp/toukei/list/101-1c.html　（2018 年 5 月 29 日アクセス）

小林重雄・伊藤健次　『グッドイナフ人物画知能検査　新版　ハンドブック』　三京房　2017 年

田中教育研究所編　『田中ビネー知能検査Ⅴ採点マニュアル』　田研出版　2003 年

津守　真・稲毛教子　『増補　乳幼児精神発達診断法 0 才〜 3 才まで』　大日本図書　1995 年

津守　真・磯部景子　『乳幼児精神発達診断法 3 才〜 7 才まで』　大日本図書　1965 年

増沢　高　『事例で学ぶ　社会的養護児童のアセスメント−子どもの視点で考え、適切な支援を見出すために』　明石書店　2011 年

文部科学省　「主な発達障害の定義について」
http://www.mext.go.jp/a_menu/shotou/tokubetu/004/008/001.htm　（2018 年 5 月 20 日アクセス）

第9章

0、1、2歳の発達

誕生から0歳、1歳、2歳ごろまでの発達的特徴と発達課題について、特に自我の誕生とその育ちに注目して学びます。各時期における子どもの心を支える関わりについても考えてみましょう。

第1節
乳児期前半（誕生から6、7か月まで）の発達

学習のポイント
誕生から生後6, 7か月ごろまでの乳児期前半の発達を、他者との最初のコミュニケーションの一つである笑顔の発達に注目して学びます。

+α

胎児循環・肺呼吸

胎児は胎盤で酸素と栄養を補給してへその緒から取り入れるが、その際の血液の循環は出生後の心臓から肺へ流れる循環とは違っており、これを胎児循環という。産声の第一声によって肺のなかまで満たされていた羊水が吸収され、肺呼吸へとスイッチが切り替わると同時に、血液の循環も切り替わる。

父親の育休制度

通常、育児休業を取得できるのは1回だが、母親の出産後8週間の期間内で父親が育児休業を取得した場合、特別な事情がなくても（たとえば母親の職場復帰のころのサポートとして）もう一度育児休業を取得できる「パパ休暇」という制度もある。

2週間健診

一部の産院や小児科で実施されるようになってきた生後2週間目の健診。これまでは産後1か月健診まで母子は家から出ないことが多かったが、産後2週間（退院して約1

1　産声を上げる

　赤ちゃんの産声は、それまで子宮のなかで胎盤から酸素を取り入れる胎児循環をしていた胎児が、出産をきっかけに肺呼吸にスイッチを切り替えるときに出します。「オギャー」という泣き声は、これで自力での肺呼吸が始まったという合図でもあり、母親や立ち会っている家族、医療関係者をほっと安心させます。一方で、哺乳類のなかでもヒトしか産声を上げないという事実は、ヒトが生まれながらにして家族や社会のなかで守り育てられることが前提とされる社会的存在であることを示しています。

　出産直後の母親は体のダメージもホルモンバランスの変化も大きいものです。昼夜問わず泣く赤ちゃんの世話をする人は、まとまった睡眠時間も取れません。母乳による授乳だけは女性にしかできませんが、逆にいえばそれ以外のことは誰にでもできます。赤ちゃんがいる生活はそれまでと一変します。子育ての最初から父親が参加できることの意義は思ったより大きいものです。

　母子を中心として、新しい家族の誕生を社会のなかで受け止めるため、フィンランドには妊娠、出産から6歳までの子育てを切れ目なく支援する「ネウボラ」というしくみがあります。妊娠がわかった時点から地域の担当の保健師や助産師がついて家族のさまざまな相談に乗ります。また出産後は育児に必要なミルクや着替え、おむつなどのセットが国から支給されます。日本でも、「ネウボラ」を参考にした子育て世代包括支援センターが各地につくられ、地域の特色に応じ、必要な取り組みをしていくことが求められています。

　父親の育休制度や産後の2週間健診、産後ケア施設などのしくみも少しずつつくられていますが、まだまだ地域差もあり不十分です。赤ちゃんがどこに生まれようとその命が守られ、健やかに育てられるための社会的基盤を整えて、皆でその発達を見守りたいものです。

2　微笑の発達

① 生理的微笑

事例 1　生理的微笑（生後 10 日目）

　生後 10 日目のソウくん。よく飲み、よく寝る赤ちゃんです。オギャーと泣き、ミルクをたっぷり飲み、飲みながらうつらうつらと寝てしまいました。そっとベッドにおろして抱っこしたまま寝顔をみていると、ふいにニヤッと笑ったようにみえます。

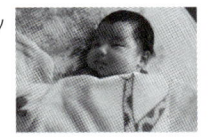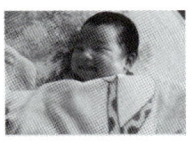

　新生児の研究が進み、声や色、物体の動き方、においや味、触覚など、さまざまな能力をもっていることがわかってきています。「快 – 不快」の感じ方や表現も徐々に明確になっていきますが、事例のような、授乳後の寝入りばなに目を閉じたままにっこりする微笑を「生理的微笑」とよびます。「天使の微笑」ともよばれ、自分のなかの「快」刺激に対する反応であって他者に向けられたものではないのですが、その一瞬を見守っていた養育者にとっては、驚きと喜びの一瞬です。ヒトが生まれながらにして社会のなかで守り育てられる存在であることを考えると、おそらく赤ちゃんがもって生まれた生存の知恵でもあるのでしょう。

② 普遍的微笑

事例 2　普遍的微笑（2 か月半）

　2 か月半になったソウくん。昼間に目覚めている時間が少し長くなり、仰向けで首を動かして、相手をみようとします。「おはよう、起きたの？」と声をかけるとこちらをみて突然、ニコッと笑いました。お母さんはビックリです。

その後、誰をみてもよく笑うようになりましたが、ぬいぐるみや赤ちゃんの写真をみてもニコニコしていることがあります。

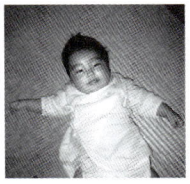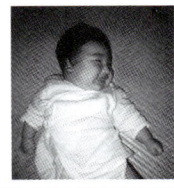

　生後 3 か月ごろにはあおむけで正面をみることができるようになります。このころになると正面の人の顔をみてにっこりと笑うので、養育者にとっては「私をみて笑った！」という喜びと実感がわきます。ですが、

週間）の家での生活や母体の回復状態、授乳の様子や子どもの健康状態のチェック、母親のメンタル面でのフォローなどを目的としている。

＋α

子育て世代包括支援センター

日本で厚労省を中心に進められている妊娠期から子育て期にわたるまでのさまざまなニーズに対して総合的相談支援を提供する拠点。妊娠から子育てまでのワンストップ相談センター。

産後ケア施設

出産後の育児支援を目的とし、24 時間体制で母親と赤ちゃんが家族で過ごせる宿泊型施設。看護師や助産師、臨床心理士など、専門スタッフがさまざまなケアとプログラムを実施する。

実は最初は写真や人形など顔のような形の物なら何をみても笑う、「普遍的微笑」とよばれる微笑です。

　生後4か月ごろにはあおむけに寝かせているだけでなく、縦抱きにしてもよりエネルギッシュに活動が展開するようになり、中脳・間脳の成熟とともに視覚と聴覚、触覚など、各機能が連携を始めます。乳児期後半に向けて、新しい力が誕生してくるときです。音のするほうを探して声を出している相手をみつけ、まだ手は出せませんが動かします。目の輝きが深みを増し、じっと相手をみて、そして静かに笑うという、人に対する微笑の変化がみられるようになり、これを「人知り初めし微笑み」ともよびます。

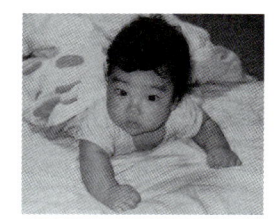

4か月児　相手をじっとみる

③ 社会的微笑

事例3　社会的微笑（生後5か月）

　生後5か月のソウくん。ころころと両方向に寝返りを始めました。4歳のお姉ちゃんが横に寝転がってソウくんの相手をすると、ニコニコと満面の笑みで笑いかけます。お父さんより、お姉ちゃんのほうがよく笑います。子どもの顔のほうが好きなのかな？

　生後5か月ごろには寝返りができるようになり、うつぶせの姿勢でも手のひらをついて上体をもち上げ、おもちゃで遊ぶこともできるようになります。この時期にはもう何をみても笑うのではなく、親しい人とそうでない人がわかって、親しい人に自分から笑いかけるようになり、これを「社会的微笑」とよびます。喃語（発声）や表情、自分で動かせるようになった手足や指を使って、自ら他者とのコミュニケーションを始めたり、おもちゃを触って確かめたりできるようになるのです。

乳児期後半(生後6、7か月～1歳ごろ)の発達

学習のポイント

生後6，7か月ごろから1歳ごろに直立二足歩行を獲得するまでの乳児期後半の発達について、他者や物との関係がどのように結びついてくるかに着目して学びましょう。

　乳児期後半はもう寝たきりではなく、寝返り、ずりばい、はいはい、つたい歩きなど、自ら位置の移動ができるようになります。お座りやつかまり立ちなど、重力の抵抗に逆らって姿勢を保持し、バランスをとります。両手や指先を上手に使うこともできるようになり、世界をさまざまに探索していきます（第5章第2節参照）。そして1歳ごろ、直立二足歩行を獲得していき、自我が誕生するといわれます。

　この時期に親しい養育者との関係が親密さを増し、愛着（第4章第2節参照）が形成されていく様子、そして言葉によるコミュニケーションの基礎がどのように形成されていくかを確認しましょう。

1　愛着と人見知り

事例1　他者への興味（生後8か月）

　生後8か月になったソウくん。お座りでおもちゃをいじったり口で確かめたりして遊んでいます。あまりに真剣なので写真を撮っておこうとお母さんがカメラを構えると、目ざとく気づいてカメラのほうに寄ってきてしまい、うまく撮れません。

　今のうちにとお姉ちゃんがお絵かきをしようとするとそれも目ざとくみつけ、なになに、なにをするの？というようにそばに寄ってきて自分も触ろうとします。お姉ちゃんはあきらめてソウくんと遊びますが、どうしてもやりたいときは自分がベビーベッドのなかに入って道具をもち込み、遊んでいます。

　生後7か月ごろ、家族や担任の先生に抱っこされているときに知らな

い人に声をかけられると、くるっと後ろを向きます。初期の人見知りです。このころから生後8、9か月にかけ、大好きな大人との関係が親密さを増し（第二者の形成）、家で母親が主に養育をしている場合には、母を追いかけてトイレのなかまでついてきたりします。保育所のゼロ歳児クラスでもゆるやかな担当制を決めているところが多く、まず担当の大人との信頼関係をつくって徐々に園生活に慣れるよう配慮されています。保育室に見知らぬ人が入ってくるとその場に固まって泣き出したり、あわてて担任のひざに逃げ込んだりします。

「知らない人」「知らない場所」「はじめてのこと」がわかること、そして親しい家族や担任の先生を安全基地として、そこから知らない新しい人と関係を築いたり、新しい世界の探索を始めたりできることは、大切な社会性の発達の現れです。

親しい「第二者」であるはずの母親や家族のやっていることにまったく興味を示さない、一人遊びに介入して一緒に遊ぼうとしても目が合わない、はじめての人や場所でも「人見知り」「場所見知り」がみられないなど、社会性の育ちの弱さが疑われる場合には、子どもの好きな遊びをきっかけとしてていねいに関わる工夫をし、他者との関係をつくっていくことが必要です。

2　三項関係の成立とコミュニケーションの基礎

事例2　模倣（生後10か月）

> 生後10か月のソウくん。お父さんが使っていたヘアブラシがあるのをみつけ、拾って自分の頭に当てています。まだ上手に髪をとく操作はできませんが、これをこうしていたな、というのはよくみています。大人たちがもっている携帯やカギ、財布など、大事そうなものが大好きです。

生後9か月ごろから、身近なものを使った模倣がよく出ます。まわりの人がやっているのをみて自分もパチパチと拍手したり、鉛筆を紙に押し付けてみたり（まだ書けませんが）受話器を取って耳に当ててみたり。「チョチチョチアワワ」などの手遊びや、「バイバイ」「オイシイ」などの身振りも、歌や言葉と結びついて出てきます。「ちょうだい」に対し

て（どうぞ）と物を渡してくれることもできるようになります（第5章第2節 3の写真参照）。

　乳児期前半では目の前から物が消えると興味を失ってしまいますが、乳児期後半になると落としてみえなくなったものを探し出したり、衝立<ruby>ついたて</ruby>の後ろに隠れたものを探したり、先回りしてみつけたりできるようになります。これを物の永続性の獲得といいます。

　少し先の未来を予測して動くことができるようになると、「イナイイナイバァ」遊びが楽しめるようになり、（くるぞ、くるぞ）と期待して待ち、「バァ」と出て来るとキャッキャと喜びます。

事例3　叙述の指差し（生後10か月）

　生後10か月のソウくん。お姉ちゃんと一緒に車の荷台に乗せられて遊んでいるとき、猫が通りかかったのをみつけました。悠然と歩く猫を指差して、そばにいたジージをみます。ジージが「猫いたね」と声をかけ、お姉ちゃんが「え、どこどこ？」と探します。

　このころ、子どもと物との関係、子どもと大人との関係だけでなく、大人が指差したものをみる「共同注意」や、自分でみつけたものを指差して大人に訴えるようにみる「叙述の指差し」など、第二者（大人）と物（第三者）を共有する「三項関係」が成立します。これらは、言葉によるコミュニケーションの基礎となる大切な力です。

　まだ有意味語はありませんが、ご機嫌でご飯を食べながら「マンマンマン……」といったり、ご機嫌斜めで文句をいうように「ナンナンナンナン……」といっていたりします。このように音節を繰り返す喃語を後期喃語とよびます。

重要!!
物の永続性
ピアジェ(1896-1980)が提唱した概念で、ぬいぐるみに布をかけて探せるかどうかを実験。生後8か月から赤ちゃんは物の永続性を獲得している、とした。

重要!!
共同注意
ジョイントアテンション(Joint Attention)。相手がみているものに自分も注意を寄せ、物と相手の顔を見比べたりすること。「共同注視」は、相手がみている物を自分もみること。いずれも生後10か月ごろに獲得され、三項関係の成立に重要な役割を果たす。

コトバ
有意味語
「マンマ」「ブーブー」など、日本語らしい意味のともなった言葉。

1歳児の発達

学習のポイント
直立二足歩行、道具の使用、そして言葉によるコミュニケーションの獲得は、人類の進化の歴史においてサルからヒトへの進化と重なる発達の飛躍的移行期です。

1 自我の誕生

　個人差はありますが、つかまり立ちから手を離して3秒ほどのひとり立ちができ、何度もしりもちをつきながらまた立ち上がり、1歳のお誕生日前後数か月の間に歩き始めます（第5章参照）。

事例1　歩きはじめ（1歳1か月）

　歩けるようになった1歳1か月のソウくん。まだ危なっかしくふらついて何度も転びますが、自分でまた立ち上がって歩こうとします。何かをみつけて「ア！ア！」と指差して教えます。お姉ちゃんが手をつなごうとしても「ヤ！」と振り払い、道の真ん中を歩きます。

　言葉は1歳前後から後期喃語が日本語らしい単語となり、「パパ」「ママ」「マンマ」「ワンワン」などが場面や対象物と結びついて発せられるようになります。これを初語といいます。視線や動作、指差しなどと連動して言葉がコミュニケーション手段として用いられるようになり、何を訴えようとしているのかわかりやすくなります。最初は単語だけのことが多いので一語文ともよばれます。

　1歳前半の子どもたちは（こうするの！）と思ったら一直線で、すべり台にもふとんにも頭から突っ込みます。さっきはこうだったからと、パズルの向きが変わっていても同じ向きに入れようとして、入らないと興味を失ったり、怒ったりします。思うようにならないと天を仰ぎ、地に伏して泣く姿に、強い意志を感じますが、気持ちがそれるとケロッとして遊び始めたりします。幼い自我の誕生です。

2　1歳半ごろの飛躍的移行

事例2　かんしゃくと立ち直り（1歳7か月）

　1歳7か月になったソウくん。おやつのケーキを食べ終わったけれどまだ食べたい！　お母さんに「ダメ、これはパパの」といわれて大泣きですが、だれも相手にしてくれません。ケーキは片づけられてしまいました。ソウくんはどうするかな？と思ってみていましたが、しばらくすると自分で泣きやみ、好きなおもちゃで遊び始めました。

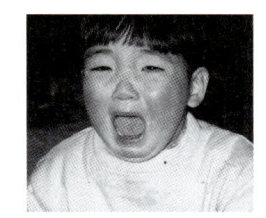

　1歳半ごろの発達の質的転換期は、「○○デハナイ、○○ダ」と向きを変え、違いがわかって2つの選択肢からもう一方を選び取る力を獲得していく時期です。すべり台は頂上で向きを変え、足からお尻をついて滑ります。ふとんには足から入り、頭を枕につけます。パズルも向きが違うことがわかると入れ替えてきちんとはめます。

　言語面では、動くものすべて「ワンワン！」だったのが、「ワンワンじゃなくてニャンニャン」「ニャンニャンじゃなくてブーブー」というように、語彙が爆発的に増大します。まず理解語が増え、それから発語の語彙も少しずつ増えていきます。1歳後半には、日常生活のなかで言葉での指示で理解できることが多くなり、話し言葉が主要なコミュニケーション手段として使われるようになっていきます。

事例3　集団として（1歳後半）

　保育園の1歳児クラス。夏を超えてほぼみんなが1歳半を超え、1歳後半に入ってきました。子ども同士で言葉を使って「マンマ！」「○○チャンノ！」など自己主張をしている姿もみられます。「お散歩行くよー」などの保育士の一斉の指示も理解できるようになり、「行くぞ、エイエイオー」などの掛け声を一緒に楽しみます。

　1歳後半のクラスになると一斉指示により集団として動けるようになってきます。それまでは皆に声をかけても好き勝手に動いていたのが、先生や友だちの言葉を聞いて動いたり、皆がやっていることに自分も興味を向けてきたりする姿がみられます。

第4節
２歳児の発達

学習のポイント

言葉を使い、他者とイメージを共有するけれどまだまだ通じ合えないこともある２歳児の姿。「イヤイヤ期」ともよばれますが、大人の度量が試されます。

1　二次元の形成と自他の分離

　２歳台になると子ども同士でも言葉でやりとりしようとする姿が多くみられ、大人にはよくわからないけど何かをいい交して「ネー」と一緒にニコニコしていることもあります。絵本などでイメージを共有し、電車ごっこやご飯を食べるまねなど、おままごとが展開されます。

　言語面では「パパ、カイシャ」「ワンワン、ネンネ」など軸語と開放語の文法構造をもった二語文が出るようになります。名詞だけでなく、「大きい―小さい」「赤い―白い」など形容詞の概念と言葉が結びついて、生活のなかで「熱い―冷たい」「かたい―やわらかい」など、二次元の対比的な認識を理解していきます。また場面によって「ジュンバン」「カワッテ」「イレテ」「イイヨ」など、その場にふさわしい言葉が獲得されていく時期でもあります。

事例1　学習能力の高さ（２歳２か月）

　２歳２か月、はじめてのシャボン玉に挑戦です。ストローにシャボン液をつけ、口にくわえて水平に保ったまま息を吹く。最初は教えてもらいながら何度か挑戦しているうちに、あっという間に一人でできるようになりました。

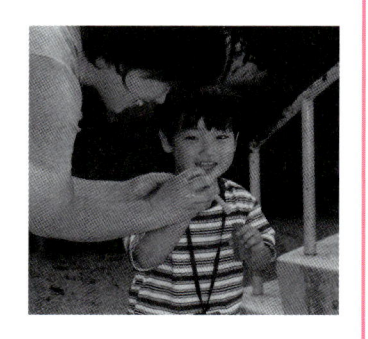

　製作場面ではモデルと自分の作品が分離してくるので、モデルをみて自分も同じことをしようとします。「こういうときは、こうするの！」と日々新たに経験することをパターンとして覚えていきます。学習能力

が非常に高く、一度経験したことは忘れません。縦と横のある二次元の作品や、砂のプリンに葉っぱの飾りを乗せるなど、異素材を使った作品をつくることもできるようになります。

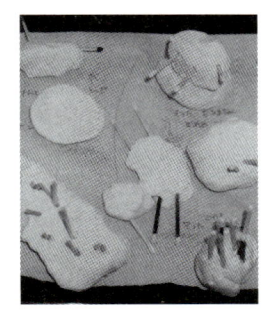

異素材を使った作品

2　自我の拡大と充実

　2歳児はまだまだ学習途上です。言葉が通じるようで通じない、わかっているようでわかっていないことも多いので、大人との間ではすれ違いやトラブルも起こります。人によって対応を変えるので、家ではわがまま放題なのによその人の前では借りてきた猫のようとか、大好きな先生のいうことは聞くのに新入りの先生のいうことは聞かないなどの姿もみられます。どれだけパパがつくしても「ママじゃなきゃいや」などといわれて、聞き分けのなさに大人がイライラしたりもします。

　密室育児になりがちな日本の家庭では虐待にもつながる危険があり、この時期をどう乗り越えるか、大人たちがその懐の深さを試されているかのようです。

事例2　**イヤイヤ期（2歳半）**

　6歳のお姉ちゃんがいかだに挑戦。やめておきなさいというのに2歳のソウくんも乗るといってききません。それならと一緒に乗り込んでみたものの、揺れるなんて思わなかった、お母さんが来ないなんて思わなかった、水の上に出ていくなんて思わなかったらしく、怖くて大泣きです。だからいったのに。

　1歳台で誕生した自我は、2歳の半ばごろにかけてどんどん拡大していきます。「○○チャンノ！」「○○チャンガ！」と、自分のおもちゃは複数あっても、絶対に人には貸せません。スコップをたくさん抱えて自分は遊べなくても放しません。「トイレに行きなさい」「お風呂に入りな

コトバ

密室育児

育児において父親が不在、帰宅が遅い、非協力的、親族が近くにいない、出かける手段がないなど、日中母子だけで過ごし孤立している状態のこと。

さい」「ごはんだよ」などの大人からの指示にはとりあえず「いや」といいますので、「イヤイヤ期」ともよばれます。彼らの扱いづらさ、ややこしさは世界共通で、「Terrible Twos（魔の二歳児）」とよばれたりもします。

ただし、「イヤイヤ」を連発していたとしても、実際にはトイレに行きたくないわけではない、ご飯を食べたくないわけではないのです。それは「大きい人」である「大人」から「小さい人」である「ジブン」への一方的な「○○しなさい」という指示に対して、その一方的な関係性そのものに「No」といっているようにもみえます。

川田（2013）は、2歳児は考えてから行動するのではなく、行動しながら考え、小さな楽しみをつなぎ合わせて過ごす人たちであり、「イヤイヤ期」でなく「ブラブラ期」といい換えてはどうかと提唱しました。たとえば大人が公園に行こうと散歩に出ても途中の草花に夢中になり、ずっといじっていたかと思うと、「アリがいる」ことに気づいてまた座り込みます。大人が早く目的地につこうと手を引っ張れば、泣いて拒否するでしょう。彼らが好きなだけ、好きなことをして「ブラブラ」できる権利をどのように保障するか、保育の工夫が求められます。

田中（1984）に「矛盾配分」という課題があります。2歳児に、「これは○○ちゃんのお皿、これはお母さんのお皿、これはお父さんのお皿ね」と意味づけをして、割り切れない数のお菓子などをそれぞれの皿に分けてもらう課題です。

事例3　自我の拡大と充実（2歳1か月〜7か月）

◆2歳1か月

8個の積み木を2枚のお皿に分けます。「ソウのお皿、ママのお皿」がわかって全部自分の皿に入れ、「えっ、ママのは？」といわれて1個だけママの皿に入れますが、そこから手を離そうとしません。「えー、ちょうだいよ」と促されると、ママの顔をみてニヤニヤしながら、その1個だけの積み木をもってTシャツのなかに隠そうとします。テスターに「おばちゃんにもちょうだい」といわれると、はっとテスターをみて、自分の皿から1つだけ積み木を取り、そしてまたそれを、Tシャツに隠します。

◆2歳7か月

　7個のかりんとうを、3枚のお皿に分けます。ソウの皿、ママの皿、お姉ちゃんの皿です。2個ずつ全部のお皿に分けた後、残りの1個を自分の皿に入れます。そこに「パパにもあげよう」と4枚目の皿を出されると、自分の所から1個取ってさっとパパの皿に入れました。一部始終をみていたママは大感激です。

　「自我の拡大」の真最中の2歳前半では、全部自分の皿に入れてしまい、促されて1つ、お母さんの皿に入れられるかどうかです。おばちゃんにもくれる？と揺さぶりをかけても、絶対に渡しません。

　それが2歳後半になると、まずはすべての皿に均等に入れ、余ったら遠慮がちに自分の皿に入れます。おばちゃんにもちょうだい、と要求すると、余っている自分の皿から取り出して、渡すことができるようになります。これを田中は、「自我の充実」とよびました。

　2歳児の拒否や失敗を「なんでわからないの」と追い込んでいく必要はありません。大人からの一方的な関係に対して「No」を突き付けているのだとしたら、その一方的な関係そのものを変えてみるとうまくいくことがあります。

　たとえば、タベナイ！と口をつぐむ子に、「（部屋の壁に貼ってある）くまちゃんがみててくれるって、大きなお口で食べられてかっこいいねえって」と気持ちを向けさせると、あーんと食べてくれたりします。「早く片づけなさい！」と怒鳴っても動きませんが、対等の立場にたって「競争だよ、ヨーイドン！」で楽しく片づけたりします。お風呂行かない！と拒否する子に「すみませんがパパがお風呂の場所がわからないというのです、連れて行ってもらえませんかねぇ」と頼むと、意気揚々と案内してくれたりします。拡大した自我の行き先を上手につくって、「大きくなった自分」を感じさせてあげることが大切です。

　2歳台で好きなだけ「ブラブラ」して世界のしくみを五感で感じとり、学んできた子どもたちは、2歳後半から3歳に近づき徐々に場面にふさわしい言葉や行動を学んでいきます。「こうしたら、こうなる」「こうしてから、こうする」など、生活の見通しや簡単な因果関係を知り、さまざまな経験を積んでいくことで、「イヤイヤ」は自然とおさまっていきます。

演習課題

① 生後10か月ごろの「三項関係」の成立が難しく、もくもくとミニカーを動かして一人遊びをしている子どもに、人と一緒に遊ぶ楽しさを経験してほしいと思います。どのように関わりますか？

② 2歳児に「トイレに行こうね」と誘ったら「イヤ！」といわれました。どのような対応が考えられるでしょうか？

【引用・参考文献】

川田　学　「再考・2歳児の形容詞」『現代と保育』87号　ひとなる書房　2013年

田中昌人・田中杉恵　『子どもの発達と診断1乳児期前半』　大月書店　1981年

田中昌人・田中杉恵　『子どもの発達と診断2乳児期後半』　大月書店　1982年

田中昌人・田中杉恵　『子どもの発達と診断3幼児期Ⅰ』　大月書店　1984年

第10章

3、4、5歳の発達

　3歳児、4歳児、5歳児の発達的特徴と発達課題について、特に自我の育ちと集団づくりに注目して学びます。各時期における子どもの心を支える関わりについても考えてみましょう。

３歳児の発達

1　生活の主人公として

　３歳児は「幼児期の青春時代」といわれます。２歳台で「拡大」、「充実」した自我が、「こういうときは、こうする」「こうしたら、こうなる」という経験の積み重ねによって、活動の見通しや簡単な因果関係を理解するようになります。これらの経験や知識をもとに、３歳児は生活や遊びの主人公として、いきいきと活躍します。全身運動や手の操作においても一度に複数の操作ができるようになり、左右の手の役割分担によって（第５章参照）身辺自立が一層進むことで、３歳児は自信をつけていきます。

　リズム運動などでも、みんなで丸く輪になって手をつなぐことができ

てきます。輪になって走っても手が離れません。お散歩のときも、つないだ手が目的地まで離れなくなります。一人ひとりの個性が大事にされるなかで、「イッショ」が楽しい子どもたちです。

手をつないでリズム運動

事例1　3歳のお誕生日

　ソウくん３歳の保育園のお誕生日会。名前をよばれて全園児の前に出て、王冠をつけてもらいます。家族からのメッセージを読んでもらい、うれしはずかしの絶妙な表情。一人ひとり、将来の夢を聞かれます。ソウくんは大きくなったら「サッカー（選手）」になるそうです。

　「もう２歳ではない、３歳になった！」という喜びと誇り。３歳のお誕生日は格別の表情です。「誇り高き３歳児」の誕生です。

「三つ子の魂百まで」ということわざは、3歳までのしつけ（や教育）で一生が決まるという意味ではなく、言語能力や記憶力の成熟によってこの時期に獲得した知識やいきいきした体験、（できた！）という達成感などは、一生心に残る、という意味です。保育のなかでも、自然のなかで、友だちとの遊びのなかで、そして文化や芸術との遭遇によって、想像力豊かにさまざまな経験を積むことができます。

2　会話の成立

「今日は何して遊んだの？」の質問に対して、「遊んだー！」とオウム返しをしたり、今もっているおもちゃを「これ！」などとみせたりしてしまうのでなく、頭のなかでちゃんと今日やったことを思い浮かべて「お散歩行った」と答えるなど、会話が成立するようになります（第7章参照）。

　二次元の対比的な認識は「大―小」、「赤―白」などの目でみてわかりやすい概念だけでなく、「重い―軽い」、「暑い―寒い」、「きれい―きたない」、「強い―弱い」、「かっこいい―かっこわるい」、「かわいい―かわいくない」、「こわい―やさしい」、「男―女」、「ぼく―私」といった、文化的な価値判断を含むような概念が学習され、はやり言葉も含めて生活のなかでイキイキと展開されます。

> **事例2　ケッコンするの**
>
> ソウ「ソウくんはミユとケッコンするのー。」
> 保育士「あれ、この前は先生とケッコンするっていってたじゃん。」
> ミユ「ミユはケッコンしないー。」
> 保育士「そうか、ミユちゃんはケッコンしないかー。」
> ソウ「えー……」
> 保育士「じゃあ先生と、じゃないの？」
> ソウ「えー……どうしようかなー。」

　身近な大人の価値観による影響が出てくる時期でもあります。現代社会におけるさまざまな価値観、文化的背景、家族の形、性の形に留意し、「男の子だから」「女の子だから」といったジェンダーによる決めつけや無意識の刷り込みにも注意を払いたいところです。それぞれの子どもたちが経験したこと、学んだこと、それを大人や友だちに伝えたいという気持ちを十分受け止めつつも、「あなたはあなたのままでいいんだよ」「あ

重要!!

ジェンダー

生物学的な性に対して、「女性はピンク、男性はブルー」、「男は仕事、女は家事・育児」など、社会的・文化的につくられた性役割を意味する。

なたが好きなものは好きなままでいいんだよ」というメッセージを繰り返し伝えていきましょう。

友だち同士で言葉でやりとりするようになると、生活のなかで靴を履こうとしたり、ボタンを留めようとしたりしている友だちのお手伝いをしようとする姿もみられます。連絡帳や給食を配るなど、簡単な仕事なら先生のお手伝いも喜び勇んでやろうとします。友だちや大人から「ありがとう」といわれる経験は、自己有用感や達成感を育てていくことにつながります。

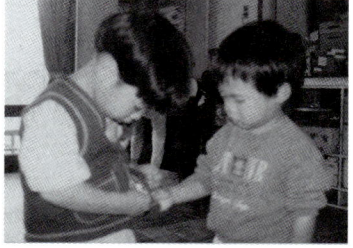

友だちのお手伝い

事例3　ヒミツ・ナイショ

　お散歩で裏山に野イチゴを摘みに行った3歳児クラス。担任は子どもたちに「ほかのクラスには秘密だよ」といい聞かせて出発。ひっかき傷だらけ、赤い汁のシミだらけになって帰ってきました。給食室にビニール袋に摘んできた野イチゴを渡し、口々に報告。「イチゴ取ってきた！ジャムにしてください！」「ヒミツ！言っちゃダメなの！」「ナイショなの！」

「ヒミツ」も「ナイショ」も大好きな3歳児ですが、まだ胸の内だけにしまっておくことはできません。しゃべりながら考え、考えながらしゃべる人たちです。（→参考第7章第3節2「内言と外言」）

　簡単な因果関係がつかめるようになってくるころ、「なんで？」もさまざまな場面で展開されます。「なんで信号が赤だと渡っちゃいけないの？」「なんで帰ってきたら手を洗うの？」程度の疑問なら社会のルールや大人の意図をわかりやすく説明してあげればよいのですが、「正しい答え」ばかり押し付けるのも一方的です。

　ときには大人が答えを乞うてもよいはずです。「なんで夜は暗いの？」「なんで葉っぱが黄色くなるの？」など答えに迷うときは「なんでだと思う？」と子どもに問い返してみましょう。こちらが天文学や生物学の知識を振り絞らなくても、「えーとね、お日様が寝るとき、電気消すから！」「葉っぱ、赤いのも青いのもあるよ！」など、思いがけない答えが返ってきたりするものです。

　間違いの指摘ばかりされ、失敗を恐れて何もいえなくなってしまう子どももいます。いい間違いや勘違いもむやみに否定せず、3歳児ならではのファンタジーの世界、創造的な表現として「なるほど、○○ちゃん

はそう考えたんだね！」と受け止めてみましょう。自分の言葉をそのま
ま受け止められることで、おしゃべりで「表現」することが大好きな子
どもに育ちます。「正しい答え」は時期が来ればそのうちに自分で学ん
でいくものです。

3　ごっこ遊び

事例4　ごっこ遊び

　風呂敷1枚でなんにでもなれる。お姉ちゃんはお姫様、ソウく
んは〇〇レンジャーになりきっています。
ソウくんの思いとお姉ちゃんの意図はい
まいちかみ合わないときもありますが、
そこはお姉ちゃんが上手につじつまを合
わせて主導していきます。

　このころから、お店屋さんごっこ、お買い物ごっこ、家族ごっこなど、
園や家庭でのさまざまな体験が、ごっこ遊びのなかでイメージ豊かに再
現されます。ごっこで再現することで、子どもはそれらを確実に自分の
経験にしていきます。テレビ番組やアニメの影響も大きいのですが、園
で心揺さぶられる本物の児童文化財に出会うこと、その世界を存分に生
活のなかや劇ごっこで楽しむことで、クラス全体でイメージを共有し、
膨らませていくことができます。

　たとえば、誰がお布団を敷くかで引っ張り合ってもめているときに、
「うんとこしょ、どっこいしょ」と声をかければ、二人で顔を見合わせ
て笑い出し、たちまち引っ張る遊びになります。お散歩先で足場の悪い
個所を渡るとき、「誰だ、俺の橋をガタゴトさせるのは！」と声色を変
えれば、そこはたちまちトロルの住む世界になります。

　ともにわかり合える世界がたくさんあるほど、子どもたちのクラスと
してのつながり、「イッショ」の楽しさは深まり、幼児期の集団生活が
準備されていきます。

コトバ

児童文化財

子どものための文化活動
によってつくられた絵
本、紙芝居、演劇、人形
劇、歌などのこと。

4歳児の発達

学習のポイント

他者からの評価の視点を感じ取り、こうありたい自分と現実との間で葛藤する4歳児。仲間や先生との楽しい経験の蓄積こそが、自分の行動をコントロールする力となります。

1 評価の目がわかる

　4歳児は集団でも家庭でも、「できて当たり前」と思われ、大人の目も手も離れがちになる時期です。3歳後半から4歳半ばにかけて、「○○シナガラ○○スル」、「○○シテカラ、○○スル」など、一度に2つのことを操作したり、時系列がわかって見通しをもって一連の行動を最後までやり遂げたりすることができるようになります。

　片足を前にあげて進む「けんけん」、車のドアのハンドルを上げながら押して開ける、左手で紙をもって、ハサミで切り進み曲線を切り取る、クッキングで片手で素材を押さえて包丁で切る、折り紙の手順を覚えて最後まで作品を完成させる、「これを○○先生にもって行って、代わりに△△をもらってきて」などの複数の指示を覚えておつかいができるなど、生活のなかのさまざまな場面でこれら、「2つの行動を一つにまとめ上げて実行する」力が発揮されていきます。

同時に二つのことができる

　また4歳ごろになると他者の視点を取り込むことができるようになり（→第6章心の理論、サリーとアンの課題）、他者からの評価がわかるようになります。するといままで一人でできていたことを急にやらなくなったり、少し難しい課題に挑戦するときに（できるかな、できないかも）と逡巡し、「できないかもしれない」と思ったときに突然泣き出したり、荒れたり、急にふざけたり、固まったりすることがあります。「これはこうするものだ」「ルールは守らないといけないのだ」という正義の味方になると、そこから逸脱した友だちへの厳しい指摘が出されたりもします。

コトバ

心の理論

他者の心を類推し、理解する能力のこと。誤信念課題（サリーとアンの課題など）によって調べられる。

事例 1　葛藤

　遠出した遠足で初めての大型遊具。身の軽い友だちはさっさと登っていきますが、取り残されて急に怒り出して泣くソウくん。担任が話を聞くと

ソウ「コウが意地悪いった！」

コウ「早く来いっていっただけだよ！」

　最近はこんなトラブルでくやし泣きをして怒ることが多いですが、実は大の仲良しでもあり、いつも一緒にいるのです。

　その後、友だちからの助言や先生の励ましも受け遊具にも再チャレンジ。すぐに仲直りして楽しくお弁当です。

　まだまだ二元的な「○・×」評価から抜け出せていない時期です。自信のある場面ではすごい力も発揮できますが、「早い＝○」「遅い＝×」、「できる＝カッコイイ」「できない＝カッコワルイ」のダメな自分をどうすることもできず、荒れることでしか対処できません。この4歳児の「荒れ」は「デキナイ」自分と「こうありたい」自分との間のギャップに苦しみ、「葛藤」している姿です。

2　自制心の形成

　「ちゃんとしなければいけない」ということは頭ではわかっている、「デモ……」という自分の気持ちと外の世界との折り合いをつけていくには、一定の時間と心の支えが必要です。親しい友だちとの楽しい時間や、その信頼する友だちや先生からの助言、ちょっとした小道具やおまじないが、「でも……やってみようかな」という心のバネとして機能していきます。

　注意力を持続する力がまだ十分に育っていない場合には、「ちゃんとしよう」という気持ちがいくらあっても、すぐに注意が途切れてしまい、別の刺激に反応してその場にふさわしくない行動を繰り返し、叱られてしまうこともあります。

　いずれも「なんでこんなことができないの」「園長先生に叱ってもらおう」など、人格を細かく否定したり、皆の前でさらし者にするような叱り方は自分の行動をコントロールする力を育てるには逆効果です。指

示はシンプルに、個別に具体的に出し、行動を見守って、少しでも自分でコントロールできたときにはその努力を褒めて認めます。また、苦手なことばかりに注目して叱るのではなく、本人のよいところ、得意なところに注目し、のびのびと自分らしさが発揮できるよう配慮することも必要です。

　大好きな仲間との楽しい遊びや経験を通じ、「タッチされて鬼になるのは嫌だけど一緒に遊ぶほうが楽しい」とわかって遊びが続けられること。劇ごっこで皆の前でセリフをいうのは苦手だけれど、素敵な衣装の力で役に変身できること。表のパトカーの音も気になるけれど、今はこれが自分にまかされた大事な仕事とわかるから、仕事を最後までやり遂げられること。

楽しい経験から自制心を育む

　大人から一方的に「正しさ」を押し付けられて「我慢」することが「自制心の形成」ではありません。そうすることがよりよい方法であることを理解し、自分で納得して自分の行動を変えられること、そしてその際に、他者の意図や社会的なルールを参照できること、それがこの時期の「自制心」の大切な芽生えです。

重要!!

自制心
自分の感情や行動をコントロールできる力のこと。

3　みて聞いて学ぶ

事例2　状況を理解する

　4歳児のごっこ遊びはめまぐるしく状況設定が変わります。
ミユ「ミユ、お寿司屋さんね。カズキとソウはお客さん。」
ミユ「いらっしゃいませ、何名様ですか？」
ソウ「2人です。」
カズキ「まって、コウも入れて。3人です。」
ミユ「わかった、じゃあコウは赤ちゃんの役だよ。」
コウ「バブー。」
ミユ「3名様、こちらへどうぞ。子ども用のいすはご入用ですか？」
ソウ「うん、使います。」
ミユ「ちょっとまって、やっぱりファミレスにしよう！」

　この事例では、ミユちゃんは「ちょっと待って」とソウくんやカズキくん、コウくんによびかけて設定を確認する『現実モード』と、「いらっ

しゃいませ」とお客さんにセリフをよびかける『ファンタジーモード』を見事に使い分け、行き来しています。そしてほかのメンバーもその状況設定を理解し、それに乗ってやりとりが続きます。

　このように、4歳児はときと場合によってその場にふさわしいふるまいを使い分けることができます。外国にルーツをもつ子どもたちが園と家庭とで異なる2言語環境に置かれた場合にも、3歳ごろまでは混乱することがありますが、4歳ごろになると見事に2言語を使い分けます。園か家庭のどちらかで過剰に「いい子」であることを求められると、それに応じることができてしまうので、もう一方の生活の場でストレスを発散せざるを得ない場合も出てきます。細やかに子どもの状態に目を配り、家庭と信頼関係を結びながら情報を共有することが求められます。

　まわりの評価がわかると前述しましたが、観察眼や人の話を聞いて理解する力が伸びているということでもあります。たとえば3歳児はこちらの都合に構わず「ミテ！」と大人をよびますが、4歳児はちゃんとこちらの目と手が空いたときに「みててね」と大人の注意をひき、芸を披露してくれます。お散歩先でも、誰かがみつけた発見にじっと目を凝らし、先生の説明を聞きます。

集団のなかで個性を発揮する

　行事の後の経験画などで一斉に作業をさせると、同じ机で描いたグループの友だちの絵に影響されて、同じような構図ばかりになってしまうこともあります。「マネするんじゃなくて自分で考えて描くんだよ」と指導したくなりますが、「みればわかる」こと、「みることで学び、他者の様式を取り入れて自分のものにしていくこと」は、集団のなかで互いに影響し合い、自分の世界を豊かに育てるために大切な力でもあります。

　一斉に同じ課題、同じ作業をさせて同じような作品を量産することは主体的な「表現」とはいえませんが、さまざまな経験や学習、お試しを経て、自分らしい「表現」が集団のなかで認められていく過程で、豊かな個性が発揮されるのです。

5歳児の発達

1 三次元の獲得

　5〜6歳ごろは「縦・横・斜め」「前・横・後ろ」「天・地・人」など三次元の空間認知ができるようになり、ブロックや工作などの製作物では立体的な構造をもつ作品をつくります。三角形の斜めの線が書けるようになると、お姫様のスカートや、遠足で行った高い山の絵が描けるようになったりします。

事例1 みんなで泥んこ遊び

　5歳児の泥んこ遊び。何人かで協力し合い、話し合いながら水路やトンネル、ダムなど立体的な構造物をつくって水を流します。

　園庭のすみでは、もくもくとまん丸な泥団子づくりに精を出している子どもたちもいます。光る団子をつくったことのある子は、名人とよばれています。

　時系列の変化がわかり、「過去」と「未来」の間に「現在」が位置づきます。「昨日・今日・明日」「過去・今・将来」がわかって、数や数字の理解とともにカレンダーや時計が生活のなかで意味を成すようになります。

　季節ごとの年間行事の流れがわかり、運動会まであと何日と行事を指折り数えたり、大きくなった自分を感じて小学校に行くのを楽しみにしたりします。また、ストーリー性のあるやや長い話も、途中経過がわかって結末を期待して読み聞かせを楽しみます。

楽しい運動会

「大－小」の二次元の世界から三次元の「大・中・小」の理解によって中間項が出現してくるので、大きさの「中くらい」や順番の「真ん中」、じゃんけんの「あいこ」などが理解できます。赤と青を混ぜてあじさいの紫、など、中間色を楽しめるようになるのもこのころです。「どっちが好き？」という2択の質問に「どっちも好き」「今はいらない」など柔軟性のある答えができるようになります。

　遊びのルールや決まりごとを軸にすえて活動が展開できるので、集団遊びの質が変わり、氷おにやドッジボールなど自分たちでルールの微調整をしながら楽しみます。当番活動なども自分たちだけでこなすことができるようになります。

事例2　中心となって活動する

　6歳のソウくん。恒例の3、4、5歳児の縦割りグループで行う「カレーライス会」で班長となり、炉をつくり、マッチで火をすり、薪をくべ、かいがいしく火の世話をします。鍋が置かれると、他児と協力しながら順番に肉や野菜を投入し、汗だくになりながらかき混ぜます。

2　「○・×評価」からの脱却

　「前、横、後ろ」などの三次元の立体構造がわかることは、自己評価や他者評価の変化にもつながります。「3方向人物画」という課題では、5歳ごろ自分の「後ろ向き」の絵が描け、6歳ごろ「横向き」もとらえようとし始めます。三次元空間で軸を中心に向きを変えて別の視点からみた自分が描ける、ということはつまり、「○・×」で「ダメ」な自分にばかり注目してしまうのではなく、「4歳のときはできなかったけど、5歳になったらできるようになった」「これは苦手だけど、ここならできる」というように、多面的・重層的な視点から自分をみることができるようになるということです。これが、幼いながらも客観的な「自己形成視」の始まりです。

　このころ、年少児のクラスへのお手伝いでは、自然に小さい子の目の高さに腰を下ろして話しかけたり、障害のある仲間へのまなざしが「手伝ってあげよう」だけでなく、「ここは○○くんは自分でできる」こと

＋α

3方向人物画
自画像を描いてもらった後、横向きの自画像、後ろ向きの自画像も描いてもらう課題。

重要!!

自己形成視
自分自身の発達的変化がわかって客観視できるようになること。

がわかって必要なところだけしか手伝わなくなったりします。「○○くんはすぐ怒るし乱暴だから嫌い」というだけでなく、「○○くん乱暴だけど、虫のことならものすごくよく知ってる」など、大人の助けを借りながらクラスの仲間のいいところ探しができ、クラス集団としてもまとまりが出てきます。

　それぞれに個性豊かな「自己」や「他者」への信頼関係をもとにして、互いの意見を尊重しながら自分たちで話し合って作戦を決めたり、ちょっとしたトラブルなら自分たちで解決したりできるようになります。

事例3　話し合いで問題を解決する

　年長児が運動会のリレーの練習をしているが、脳性麻痺のタクちゃんがいる白チームはいつも負けてばかり。ついにアンカーのアキラが「俺、赤チームがよかった。タクちゃんがいると勝てない！」といい放ちます。ユイ「そんなこといわないで、タクちゃんだって一生懸命走ってるんだよ！」、アキラ「だって一回も勝てないじゃん！」。

　ここでこのときを待っていた担任が、「じゃあどうしたらいいと思う？」とクラスみんなに投げかけます。一生懸命応援する、誰かが一緒に走る、走る距離を減らす、車いすで誰かが押す、などさまざまな案が出て、実際にためしてみます。「タクちゃんはどうしたいの？」と本人の思いも確認します。タクちゃんはじっくり考えた末、距離を減らしてほしいと希望しました。そこで、その減らした分をショウゴが走ることになりました。距離の調整は必要でしたがそれぞれのチームのがんばりが接戦を生み、リレーは大盛り上がりでした。

　大人が「うわべだけ」「きれいごと」の意見しか期待しないクラスであれば、子どもの本音は出てこないか、出ても封印されるでしょう。ですが、子どもたちの力を信じ、一人ひとりの意見が尊重される積み重ねをしてきた成果が、本気のコミュニケーションを成立させ、一つの困難を自分たち皆の課題として考える土壌をはぐくみます。

　自分たちの問題を話し合い、ルールを変更することも含めて自分たちで解決していく経験は、子どもたちの人格形成にとっても大切な一里塚となりうるでしょう。

就学に向けて

学習のポイント
全体と部分の関係がわかること、系列操作ができることなどが、文字や数の理解の必要条件です。保育での展開には、工夫が必要です。

1　文字の獲得

　「文字」への興味は個人差がありますが、おおむね２、３歳ごろから、書かれた絵や記号、マークに意味があることがわかります（第９章参照）。４歳ごろに、早い子は自分の名前がみようみまねで書けるようになり、一字一字、拾い読みができるようになります。お手紙のやりとりなどを好むようになり、多くは５、６歳ごろ、興味をもち始めると一気に書けるようになっていきます。

　三次元の空間認知や中間項の理解とともに、「全体」と「部分」の関係がわかること、つまり「りんご」という言葉が「り」と「ん」と「ご」から成立していることがわかることが、表音文字である「ひらがな」「かたかな」の習得には必要条件となります（実はそれ以前の段階では、「口」や「目」など、表意文字である身近な漢字のほうが習得しやすいのです）。

　音節分解ができることで、「りんご」の「ご」と「ゴリラ」の「ゴ」が同じだということがわかってしりとりができますし、かるた遊びや「い」のつく言葉あつめなどの言葉遊びも可能になります。さらに「書く」作業には、手指操作において、鉛筆で斜めや曲線が自由自在に書けるようになることが必要です。

2　数の理解

　数が「いーち、にーい、さーん……」と唱えられるようになることが数の理解ではありません。数が順番に唱えられるのは、歌がうたえるようになるのと同じようなものです。数が実際の積み木などと１対１で対応できること、３個が「３」だとわかり、何個あったかと聞かれて「３個」と概括できること、その「３」が数直線上で「２」の後ろ、「４」の前にあることがわかること、文字として「１」「２」「３」の数字が書ける

コトバ

表音文字
ひとつひとつの文字がその読み方（音）を示す文字体系。ひらがな、カタカナ、アルファベットなど。

表意文字
ひとつひとつの文字が意味を示す文字体系。漢字など。

音節分解
ひとまとまりのことばをひとつひとつの音に分けること。

こと。これらはすべて別の力です。

　通常は3歳ごろまでに「3個」が理解できるようになり、生活のなかで「お菓子を2個ずつ分けてね」といった指示がわかります。「3個」の次は「たくさん」になる時期が続き、4歳ごろ、「4個」を獲得するまでには生活のなかでの経験が必要です。5、6歳になり、系列操作ができるようになると、それぞれの数字が数直線上に配置され、3個より1つ多いのが4個、3個より1つ少ないのが2個、といったプラス1、マイナス1の操作ができるようになります。

3　遊びのなかで学ぶ

　これらの文字や数を操作する力が、今後の小学校での学びの基礎となります。ただし、もうすぐ就学だからといって、まだ準備ができていない子、興味のない子に無理やりドリルなどで学習させ、間違いを指摘して何度も消しゴムで消して正しく書き直させる、という指導が求められているわけではありません。かえって、「お勉強」そのものへの意欲をそぎ、机に向かうことを嫌いにさせてしまいかねません。

　人類の文化の歴史のなかで「文字」が出現したことの意味は何でしょう。今、ここにいない人とのコミュニケーションができること、覚えきれない情報を記録できること、多くの人に情報を正確に伝達することができることなど、「文字」ならではの機能があるはずです。

　保育のなかでは、絵本やかるたを楽しむ、カードゲームをする、自分の作品にサインを入れる、お手紙のやりとりをする、遠足でお世話になった人にお礼の手紙を書く、七夕やサンタさんにお願いをする、お店屋さんごっこで看板やメニューをつくる、クッキングの材料を買い物に行くためにメモをする、積み木やブロックの数をそろえて建築物を作る、など、さまざまな文字・数字を使った活動が考えられます。

　新しいコミュニケーション手段である「文字」との出会いを生活や遊びのなかで大切に準備し、「文字」を使うことに必然性のあるワクワクする活動に取り組みたいものです（→第15章）。

演習課題

①　3歳ごろの子どもの友だち同士や大人との「会話」を観察し、エピソード記録として記述してみましょう。

②　4歳ごろ、発表会の練習を「やらない！」と拒否した子どもにどのような対応が考えられるか、話し合ってみましょう。

【引用・参考文献】

河原紀子・港区保育を学ぶ会　『0歳〜6歳子どもの発達と保育の本』　Gakken　2011年

田中昌人・田中杉恵　『子どもの発達と診断3幼児期Ⅰ』　大月書店　1984年

田中昌人・田中杉恵　『子どもの発達と診断4幼児期Ⅱ』　大月書店　1986年

田中昌人・田中杉恵　『子どもの発達と診断5幼児期Ⅲ』　大月書店　1988年

宮川萬寿美・神蔵幸子　『生活事例から始める保育の心理学（2版）』　青踏社　2018年

村上公也・赤木和重　『キミヤーズの教材・教具』　クリエイツかもがわ　2011年

第11章

学童期から青年期までの発達

学童期、青年期の特徴、発達課題を学びます。また、各時期における子どもの心を支える関わりについても考えてみましょう。

就学するということ

1 子どもに起きる変化

　皆さんは、自分が小学校に入学したときのことを覚えていますか。「1年生になったんだ」「今日から小学生だ」と、自分が少し大きくなったような、誇らしげな気持ちになった人もいるかもしれません。

　子どもにとって、小学校に入学するということはとても大きな環境の変化です。まず、学習が始まります。学習するのにも、もち物をそろえる、先生の話を聞く、きちんと座る、など多くのことが必要です。そして、いろいろな決まりを守りながら、集団生活を送ります。学校ではこれらのことを、基本的には自分で行っていかなくてはなりません。つまり、基本的生活習慣を身につけることが求められるのです。

2 小1プロブレム

　こうした変化にうまく適応できない場合に、

・学習に向かえない

・着席していられない

・教員の指示が入らない

・授業が成立しない

という状態がみられることがあります。小学校1年生で、このような状態が続くことを「小1プロブレム」といいます。

　小1プロブレムの背景はいくつか考えられますが、理由の一つとして、「園と学校での環境のギャップ」が考えられます。自由にのびのび活動していた園での生活と、規律のある学校での生活とのギャップが大きいからではないかということです。現在、こうしたギャップを少しでも埋めるために、園と小学校で連携してさまざまな取り組みが行われています。

　たとえば、年長児が小学校を訪問し、小学生の活動を見学する、その際に小学校5年生が校内を案内してあげる、といったように、小学校の生活を事前に体験しておく試みが行われています。

　また、保育者が小学校1年生の授業を見学に来る、支援が必要な子どもがいた場合、小学校の教員が園に配慮点を聞き、その子どもが入学後に困らないように準備をする、などといった、教職員間の連携も図られています。

3　理解と支援

　園から小学校へ移行する際の相談として、就学相談があります（図11-1）。学校での生活、学習に支援が必要な子どもについて、当該市区町村の教育委員会が受ける相談です。小学校入学に際し行われることが一番多いです。

　かつては、通常学級、特別支援学級、特別支援学校など、「どこに進学するか」に関する相談が中心でした。現在は一人ひとりの教育的ニーズに沿った支援を考える相談になっています。市区町村の教育委員会と園、就学先（小学校など）との連携が必要になります。

　園では、就学相談にともなって「支援シート」の作成に関わることがあります。支援シートとは情報伝達のためのツールで、保護者が希望する場合に作成されます。これまでの子どもの様子や園での関わりで配慮した点などを記入して、就学先へ必要な情報を伝達し、支援の継続のために活用されるものです。

コトバ

教育的ニーズ
日常生活、集団生活、学習活動において子どもが困っていること、自分の力だけでは解決できずに苦しんでいることを指す。

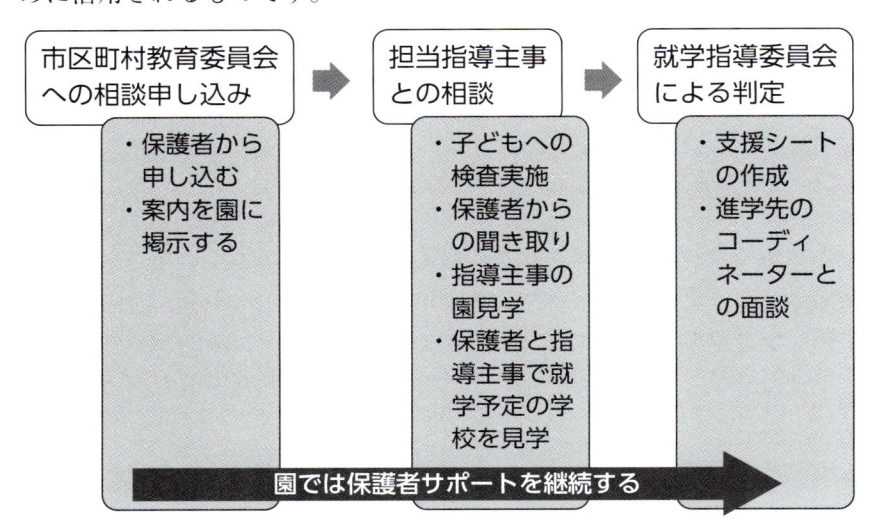

図11-1　就学相談の流れ
出所：杉﨑雅子　『スギ先生と学ぶ　教育相談のきほん』より転載

学童期の発達

学習のポイント
小学生の年代にあたる学童期の特徴について、知的発達、社会性の発達、道徳性の発達の観点から学びます。

1 学童期とは

学童期とは、ちょうど小学生の年代（6歳〜12歳）を指します。集団の中で仲間と協力したり、規則を守って行動したりするさまざまな体験を通して、人格が形成されていきます。また、知的能力が大きく発達する時期でもあります。

エリクソンの発達段階では、「勤勉性」の獲得が発達課題になります。学校の勉強に限らず、がんばって自発的に何かをやろうとしてみる、意欲をもって取り組む、ということを身につける段階です。努力が認められなかったり、他者と比較して自分ができないと感じたりすると、劣等感を感じることにつながります。

ピアジェの認知発達理論では、具体的操作期（7〜11歳ころ）から形式的操作期（11歳以降）にあたります。具体的操作期では、具体的なことに関しては論理的な思考ができるようになり、自己中心的なものの見方から脱却します。形式的操作期になると、抽象的なことも扱えるようになり、科学的な思考もできるようになります。（→第6章）

2 友人関係

小学生になると、子どもの生きる世界として、家庭と学校という2つが大きくなってきます。そのなかで、一緒に活動をする友だち、仲間が心のなかで重要性をもつようになります。

小学校低学年では、家が近所であるなど身近な存在が友だちとなります。

小学校中学年になると、仲間同士で、自分たちでつくったルールで同じ遊びをするようになります。この時代は「ギャングエイジ」といわれます。集団のなかで自分の立ち位置を探る、リーダー的な子に認められ

＋α

ギャングエイジと三間
近年は三間（時間・空間・仲間）の減少によりギャングエイジがみられなくなっているという指摘もある。

ることを望む、皆で一緒のことをする楽しさを味わう、などの経験をします。仲間での約束を重視するようになるため、大人からみると心配な行動をすることもあります。たとえば、学校からの帰り道に通学路から外れて山道を探検してしまうなどです。しかし、この時代に仲間で行動する体験は、社会性を促進するうえで意味のあるものです。

　小学校高学年になると、趣味が合うとか自分に考え方が似ているなどという理由で友だち関係が深まっていきます。徐々に親よりも友だちのほうが重要な存在として影響するようになります。

3　いじめ

　学童期では、仲間関係が重要になる一方で、自分とは異なる存在を排他的に扱ってしまうこともみられます。代表的な現象がいじめです。

　2013（平成 25）年に施行された「いじめ防止対策推進法」では、いじめとは「児童等に対して、当該児童等が在籍する学校に在籍している等当該児童等と一定の人的関係にあるほかの児童等が行う心理的又は物理的な影響を与える行為（インターネットを通じて行われるものを含む。）であって、当該行為の対象となった児童等が心身の苦痛を感じているものをいう」と定義されています。

　文部科学省が行ったいじめ調査では、小学生で認知件数が多く、特に2 年生、3 年生で最も多い結果となっています（**図 11－2**）。

いじめ

文部科学省は次のような項目でいじめ調査を行っている。①冷やかしやからかい、悪口や脅し文句、嫌なことをいわれる。②仲間はずれ、集団による無視をされる。③軽くぶつけられたり、遊ぶふりをして叩かれたり、蹴られたりする。④ひどくぶつけられたり、叩かれたり、蹴られたりする。⑤金品をたかられる。⑥金品を隠されたり、盗まれたり、壊されたり、捨てられたりする。⑦嫌なことや恥ずかしいこと、危険なことをされたり、させられたりする。⑧パソコンや携帯電話等で、誹謗中傷や嫌なことをされる。⑨その他。

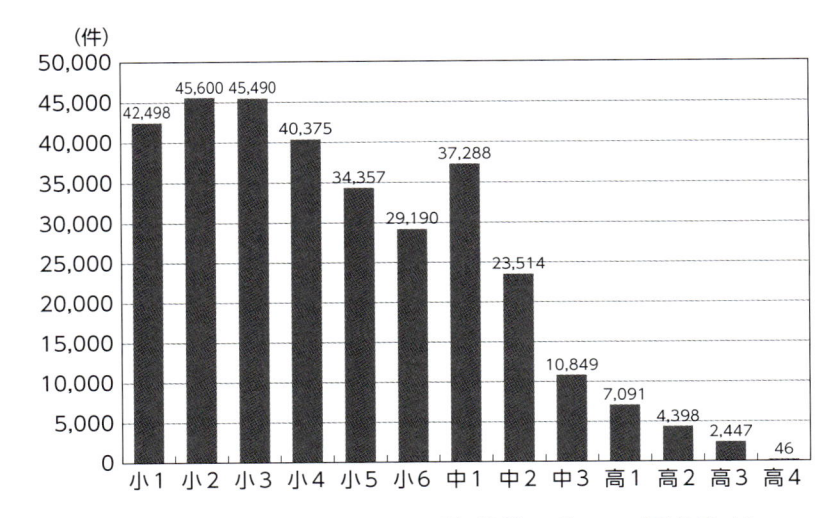

図 11－2　学年別いじめの認知件数のグラフ（国公私立）

出所：文部科学省　「平成 28 年度「児童生徒の問題行動・不登校等生徒指導上の諸課題に関する調査」（確定値）について」

　いじめは、次のように分類できます（国立教育政策研究所、2015）。

①暴力をともなうもの

　殴る、けるなどのいじめです。男子に多い傾向があり、限られた一部の子が繰り返す傾向があります。

②暴力をともなわないもの

　冷やかしやからかい、無視されるなどのいじめです。女子に多い傾向があり、小4からの6年間で9割近くが加害、被害経験をもち、両者が入れ替わる傾向があります。

　国立教育政策研究所（2013）によると、小学生のうちに他者の役に立つ経験をして自己有用感を感じていることが、いじめ防止に役立つことがわかっています。自己有用感とは「自分の行ったことを他人から認めてもらった、自分が相手にした働きかけを相手から評価された」（国立教育政策研究所、2015）と感じられる感覚のことです。学童期において自己有用感を形成することの重要性がうかがえます。

4　道徳性の発達

　2018（平成30）年度より小学校で「特別の教科　道徳」が始まりました。「生命を大切にする心や他人を思いやる心、善悪の判断などの規範意識等の道徳性を身に付ける」（文部科学省、2017）ことが重要と考えられています。道徳性はどのように発達するのでしょうか。

　ピアジェは、道徳性は他律性から自律性へと発達すると考えました。大人のいうことを聞くことが義務であり、大人が外から与えた規則を守ろうとするのが他律性道徳です。小学校低学年では他律性の段階です。子ども同士で議論し自分たちで規則をつくり出し、その規範を守ろうとするのが自律性道徳です。小学校中学年以降が自律性の段階になります。ピアジェは、自律性道徳が形成されることが大切だと考えました。

青年期の発達

1　青年期とは

　青年期は、学童期以降（13歳以降）にあたります。青年期の終わりがいつまでか、ということについては諸説あります。「大人になるまで」を青年期とみなした場合、18歳で成人とするという流れもありますし、現代では25歳くらいまでという説、また30歳にならないと本当に精神的に大人にはならないという説もあります。ここでは、年齢は大まかに20代としておきましょう。いずれにしろ、青年期とは「子どもから大人への移行期」であるといえます。

　しかし、同じ移行期でも、13歳と25歳では考え方も環境も、直面する悩みも社会から求められることも異なるでしょう。そこで、青年期については

・青年期前期（13歳〜18歳）：中学生、高校生
・青年期後期（18歳〜20代）：高校卒業後、進学、就職など

と分けて考えていくことにしましょう。

2　青年期前期の特徴

　青年期前期は、別名「思春期」といわれます。過ぎ去った大人からみれば思春期は青春の響きがする言葉ですが、只中の当人からすれば思春期は生きていくのがなんだかとても大変、という時期です。理由もなくイライラ、モヤモヤした気持ちがあり、大人に反抗したくなる。こうした思春期の心模様は「思春期葛藤」といわれます。

　なぜ、思春期葛藤は起きるのでしょうか。

１ 自己を確立する作業の苦しみ

　エリクソンは、青年期の発達課題を「アイデンティティの確立」としました。アイデンティティとは、「自分は自分であるという感覚」のこ

とです。大人から望まれた自分、周囲に求められている自分として生きていくのではなく、「自分はこういう自分で生きていきたい」「これこそが自分で求めていた自分の姿である」という自分でやっていく感覚をつかむということです。

> ### 事例1　本当の自分
>
> 　真面目で一生懸命勉強してきた A くん。医師の一家に生まれ、生まれたときから医師になることを求められてきました。しかし中学生になり、進路を考えるときに A くんは疑問を抱くようになりました。「本当に医師になりたいのか」「自分が本当にやりたいことは何か」を自問し、本当に好きなのは野球をやっているときの自分だということに気づきました。それから A くんはそれまで以上に野球をがんばるようになりました。保護者は勉強時間が減ったことを心配して A くんに話をしますが、A くんは野球をやめようとはしませんでした。

　しかし、アイデンティティを確立する、といっても、その確立は一朝一夕にできるわけではありません。そもそも自分がやりたいことは何か、自分はどういう人間か、などと考えてもよくわからないことが多いものですし、自分に目を向けるという作業は苦しいことです。理想と現実のギャップに苦しむこともあります。できていないダメな自分ばかり目につくこともあります。人と比べて落ち込むこともあります。いろいろなことを試行錯誤したり、やってみても続かなかったりしながら、少しずつ「自分らしさ」を手に入れていくものなのです。

2 周囲の大人への反発心

　また、周囲の大人がいう「正しいこと」に反発する気持ちも強くなります。この時期は「第二次反抗期」といわれ、次のような行動がみられることがあります。

- ・大人を批判する
- ・口をきかなくなる
- ・大人が好ましくないと思っている行動をわざとする

　大人の影響が大きいままでは、いつまで経っても「本当の自分らしさ」が手に入りません。そのため、大人を遠ざける、大人の価値観を否定することで自分の世界をつくろうとするのです。しかし、反抗しても心が

すっきりするわけではなく、頭のどこかでは大人にかなわないことをわかっているため、イライラは募ります。

　こうした理由から、思春期には葛藤を抱きやすいと考えられています。ストレスから、大人からみると心配な行動や様子がみられるときもあります（表11－1）。多くは一過性で、思春期を乗り越えるとおさまると考えられますので、見守りながら必要に応じて支援をしていくことが必要です。しかし、あまりにも本人が辛そうである、周囲が支えきれないなどの場合は、医療機関をはじめとした相談機関の活用も必要な場合があります。

表11－1　ストレスによる反応

反応のしかた	例
身体的反応	頭痛、腹痛、下痢、嘔吐、肩こり、発熱、食欲不振、じんましん…
心理的反応	ソワソワする、イライラする、無気力になる…
行　動	多量に食べる、買い物したくなる、遅刻が増える、違法行為をする…

出所：杉﨑雅子　『スギ先生と学ぶ　教育相談のきほん』より転載

3　青年期後期の特徴

　青年期前期では、自分の心の内面の変化や葛藤を通して、自分とは何かを探ることが発達課題でした。一方、青年期後期になると、同じ「アイデンティティの確立」が発達課題であるといっても、「社会のなかにおける自分」ということがテーマになってきます。具体的には、「働くか働かないか」「就職するとしたらどのような道に進むか」「自分の能力はどのように社会に生かすことができるか」「結婚するかしないか」といったような現実的なテーマにリアルに直面していくことです。

　現代は、生き方についてさまざまな選択肢がある時代です。選択肢が多くなるということは幸せである半面、迷いも増えます。自分が何者であるのか、何がしたいのか、何ができるのかについて、いつまでも迷い続ける、あるいは目を向けないまま過ごしている人もいます。

> **事例2　したいことがわからない**
>
> 　Bさんは大学を卒業した後、大学院に進学し、経済学を専攻しました。修士課程を修了するころになると、「本当にやりたかったのは経済学ではなく、哲学だったのではないか」というようになり、別の大学院の哲学専攻に入学しました。2年後、Bさんはまた別の大学院に進学したい、今度は文学を専攻したいというようになりました。

　このような状態にある人のことを「モラトリアム人間」などということがあります。「モラトリアム」とはもともとは「支払い猶予」を表す言葉でしたが、転じて青年心理学では「大人になるまでの猶予期間」を指します。青年期は大人になるまで社会的な役割を果たすことを猶予されている期間ということです。「モラトリアム人間」とは、一定の時期を過ぎてもアイデンティティを確立できず、社会的責任を回避している状態を意味します。

　アイデンティティが確立できない状態をエリクソンは「アイデンティティ拡散」と表現しました。例にあるように、いつまでも社会人になろうとせず、あてもなく学生を繰り返しているような場合は、アイデンティティが拡散しているモラトリアム人間であると考えられます。

4　不登校、ひきこもり

① 不登校

　不登校は、「何らかの心理的、情緒的、身体的、あるいは社会的要因・背景により、児童生徒が登校しないあるいはしたくともできない状況にある者（ただし、「病気」や「経済的理由」による者を除く。）」と定義されています（文部科学省）。母子分離不安が高い場合や、発達障害による学校不適応など、背景や原因、タイプ、不登校になった時期などはさまざまです。

　小学校高学年から中学生くらいで不登校になる場合には、思春期葛藤によるものがあります。多くの子どもは、葛藤を抱えながらも思春期を通過していきます。しかしなかには、葛藤を抱えることで心のエネルギーが消耗してしまい、勉強する、友人と交流するといった日常生活を送ることもしんどくなる子どもがいます。その結果として、学校に通うこと

+α
不登校の小中学生は全国で14万人を超えている。（文部科学省、平成29年度調査結果、2018）

が困難になるのです。

　このタイプの不登校の場合、「学校に行かなくてはならない」ことは誰よりも本人が一番よくわかっています。しかし、頭ではわかっていても身体が動かず、登校できません。人からみられることを意識しすぎるあまり、外に出られなくなる子どももいます。「なぜ学校に行くのか」「なぜ生きるのか」といった哲学的な悩みを抱える子どももいます。

　こうした場合には、登校させることを無理強いせず、本人の気持ちに寄り添うことが必要です。自分なりに葛藤状態を抜けると、少しずつ外に出始めたり、保健室登校を始めたりすることもあります。本人の状態に合わせた支援を考えていくことが大切です。

② ひきこもり

　家から出ない状態が続いていることは「ひきこもり」といわれます。厚生労働省では「仕事や学校に行かず、かつ家族以外の人との交流をほとんどせずに、6か月以上続けて自宅にひきこもっている状態」と定義しています。

　青年期の発達課題の観点からひきこもりを考えてみます。ひきこもりの背景はさまざまですが、いじめ、不登校、就労の失敗を体験していることが影響を与えている可能性が指摘されています（村澤、2013）。自分をうまく社会に生かせない、あるいは社会で傷ついた経験があり、社会的不適応の状態、「自分らしさ」をうまく獲得できていない状態であることが推測されます。単なるなまけとみなすのではなく、本人の苦しさを理解し、社会的な支援をしていく必要があります。

よい子の息切れタイプ

これまで大人のいうことをきいていた「よい子」が突然不登校になることがある。「よい子」でいることに疲れ果て、エネルギーが枯れてしまった結果の不登校と考えられ、「よい子の息切れタイプ」といわれる。

ニート

ひきこもりと並び使われる言葉にニートがある。ニートとはNEET ＝ Not in Education, Employment or Trainingの略称。就学も就業もしていない無職の15〜34歳のことを指す。

演習課題

①　就学に際し子どもに起きる変化と、それを支えるための取り組みについてまとめましょう。

②　自分が思春期に考えていたこと、悩んでいたことについて、青年期の発達課題と関連させて振り返ってみましょう。

【引用・参考文献】

国立教育政策研究所　生徒指導・進路指導研究センター　『いじめに備える基礎知識』　2015 年

国立教育政策研究所　生徒指導・進路指導研究センター　『いじめについて、正しく知り、正しく考え、正しく行動する。』　2013 年

厚生労働省　「政策レポート　ひきこもり施策について」
http://www.mhlw.go.jp/seisaku/2010/02/02.html　（2018 年 6 月 21 日アクセス）

杉﨑雅子　『スギ先生と学ぶ　教育相談のきほん』　萌文書林　2018 年

関口昌秀　「ピアジェは道徳性の発達段階をどのように考えたか？──『子どもの道徳判断』を読む（2）──」『神奈川大学心理・教育研究論集』（28）　2009 年

村澤和多里　「「ひきこもり」における透明な排除のプロセス」『札幌学院大学人文学会紀要』（94）　2013 年

文部科学省　「道徳教育」　2017 年
http://www.mext.go.jp/a_menu/shotou/doutoku/　（2018 年 6 月 21 日アクセス）

文部科学省　「平成 28 年度「児童生徒の問題行動・不登校等生徒指導上の諸課題に関する調査」（確定値）について」　2018 年
http://www.mext.go.jp/b_menu/houdou/30/02/__icsFiles/afieldfile/2018/02/23/1401595_002_1.pdf　（2018 年 6 月 21 日アクセス）

文部科学省　「平成 29 年度　児童生徒の問題行動・不登校等生徒指導上の諸問題に関する調査結果について」　2018 年
http://www.mext.go.jp/b_menu/houdou/30/10/__icsFiles/afieldfile/2018/10/25/1410392_2.pdf（2018 年 11 月 2 日アクセス）

第12章

成人期から
老年期までの発達

成人期の心理と、さまざまなライフ・イベントにともなう心理的葛藤について学びます。保護者と接するときの参考になるでしょう。また老年期の加齢にともなう現象と、成熟する側面をそれぞれ整理し、生涯発達の観点からみてみましょう。

成人期の発達

1　大人になるとは

「大人」とはどんなイメージですか？「仕事をしている」「経済的に自立している」「結婚、養育をしている」「しっかりしている」「大変そう…」。いろいろなイメージを抱くのではないでしょうか。

青年期を経て、自分なりに社会で生きていく道が定まると、成人期の始まりです。高橋ら（2012）によると、「成人期とは、生産活動に参加し、社会のメンバーとしての責任を担い、多くは次世代を産み育て、このような仕事や子育ての義務から解放されるまでの長い期間をいう」とされています。就職、結婚、子育てなどのライフ・イベントを個人が選択し、それにともなうさまざまな経験をする時期です。

また、どのような選択をするかによって経験することに個人差が大きい時期でもあります。特に女性の場合、生き方の選択肢が多岐にわたることにより、一人ひとりの体験に違いが生じやすいです。結婚するかしないか、子どもを産むか産まないか、出産後も仕事をするかしないか、などが複雑に絡み合います（図12-1）。また、図には入っていませんが、失業や転職、離婚、親世代の介護などを経験する人もいるでしょう。

この年代になると、年齢が達したから一様に経験するものではなく一般化できないこと、また同じ経験をしてもその経験をどのように意味づけしているかはそれぞれ違うことに留意する必要があります。そしてどのライフコースを選択してもそこに優劣はなく、個人の生き方として尊重されるべきでしょう。

コトバ

ライフコース
人がライフイベントを経てたどる一生の道筋のこと。

2　家庭生活

エリクソンによると、成人期の発達課題は「親密性」（友情、パートナーとの親密な心のつながりを築くこと）と「生殖性」（子どもや後継者を

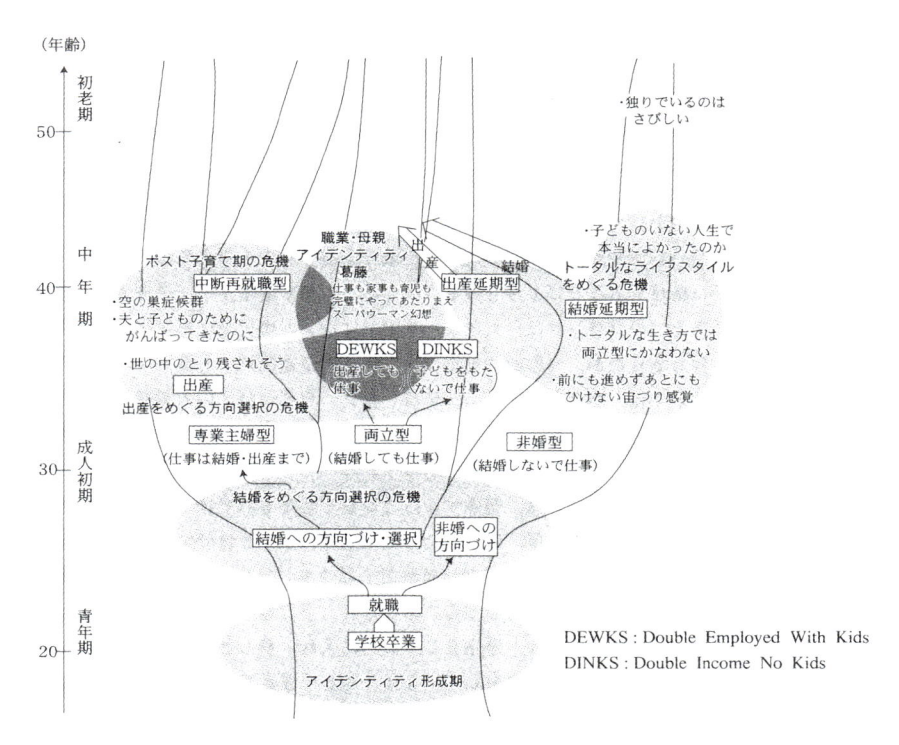

図 12 − 1　現代女性のライフコースの木

出所：岡本祐子・松下美知子編　『新・女性のためのライフサイクル心理学』より転載

育成すること）です。必ずしも「結婚して子どもを産み育てる」ことだけを指しているわけではありません。

　現代は、親密なパートナーがいても「結婚」という形式をとらない「事実婚」を選ぶ人もいます。また同性同士でパートナー関係をもつ人もいます。子どもをもつ人、もたない人、養子縁組をする人など、子どもをもつことにも選択肢があります。

　2015（平成27）年の国勢調査では、生涯未婚率（50歳まで一度も結婚を経験していない人の割合）は男性で23.37％、女性で14.06％でした。2010（平成22）年の結果より上昇し、過去最高となっているとはいえ、多くの人が親密なパートナー関係形成の結果として、あるいは形成していく場として、結婚することを選択していることがわかります。

　一方で離婚を選択する人もいます（2016（平成28）年の離婚件数は21万6,798件、厚生労働省、2017）。熟年離婚も珍しいことではありません。結婚も「すれば終わり」で安定したものではなく、個々人の生き方と照らし合わせて結婚生活を「選択し続ける」「維持していく」あるいは「解消する」ものだといえるでしょう。

コトバ

事実婚

婚姻届を出し戸籍を同一にした「法律婚」に対し、婚姻届を出さずに事実上の夫、妻として生活している形態を指す。

＋α

同性同士のパートナー

同性同士のカップルを結婚に相当するパートナーとして認める動きがある。日本では2015年に渋谷区が全国初で「パートナーシップ証明書」を交付している。

3　職業生活

　エリクソンの発達課題の「生殖性」は、子どもを産み育てることに限らず、広く次世代を育てることを含みました。どのような職業を選択するにしろ、成人期は職業を通して次世代を育成する機会が多くなります。

　現代女性の職業についてはどのような状況なのでしょうか。就業率では、生産年齢（15 ～ 64 歳）では 2015（平成 27）年で 64.6％、25 ～ 44 歳では 71.6％と高い数値となっており、1985（昭和 60）年との比較では一貫して上昇傾向にあります（図 12 − 2）。また、年齢別に労働力率をみてみると、「30 ～ 34 歳」で一番低下するいわゆる M 字型形状をとる傾向がありましたが、2015（平成 27）年では M 字型カーブの底の値が上昇していることが指摘されています（図 12 − 3）（厚生労働省、2016）。

　女性も仕事をもち社会参加していくことが特別なことではなく、男性と同様にキャリアを形成していく時代になってきていることがデータからもわかります。

　一方で、社会で働くうえでは少なからずストレスがあるのが実状です。職業にまつわるストレス源になりうるものをいくつかあげてみましょう。

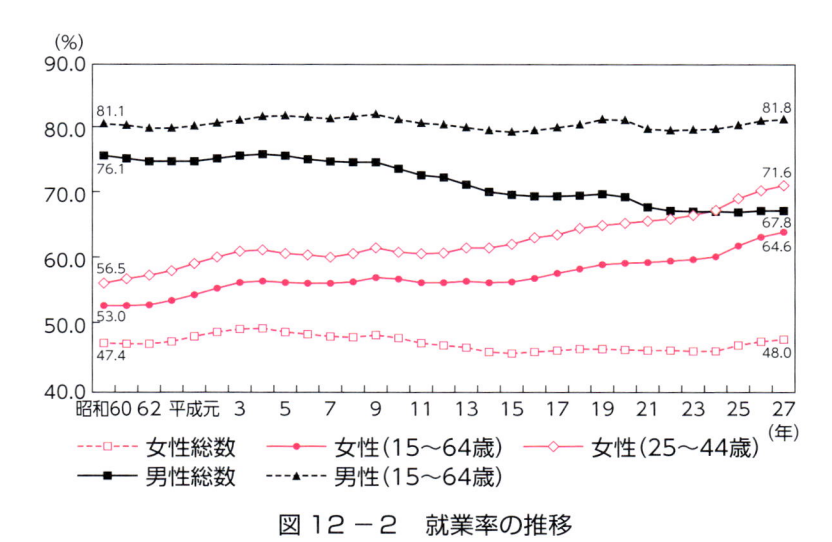

図 12 − 2　就業率の推移

出所：総務省統計局「平成 27 年　労働力調査年報」

＊平成 23 年は、総務省が平成 17 年国勢調査結果を基準（旧基準）とする推計人口をベンチマーク人口とし、補完的に推計した値

コトバ

ベンチマーク人口

結果を算出するための基礎となる人口のこと。

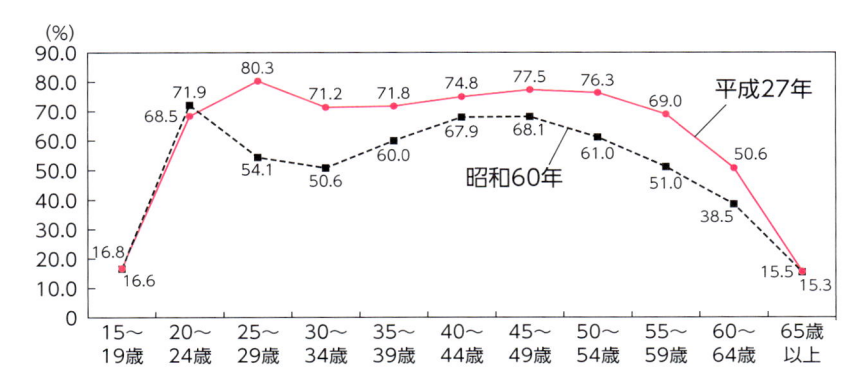

図 12 − 3　女性の年齢階級別労働力率

出所：総務省統計局「労働力調査　長期時系列データ」

1 ジェンダー・ステレオタイプ

　安達（2010）は、職業に対するジェンダー・ステレオタイプが存在していることを指摘しています。ジェンダー・ステレオタイプとは、航空機操縦士、物理学者などは男性の、客室乗務員、保育士などは女性の職業であるというように、職業と性別を主観的に結びつけて認知しているということです。男はこうあるべき、女はこうあるべきといった伝統的な性役割観が職業にも強く反映されていることがわかります。

　また、「夫は仕事をし、妻は家庭を守るべき」という価値観が、減少傾向とはいえ依然として根強く残っていることも示されています（図12−4）。

コトバ

ステレオタイプ
単純化されたイメージのこと。

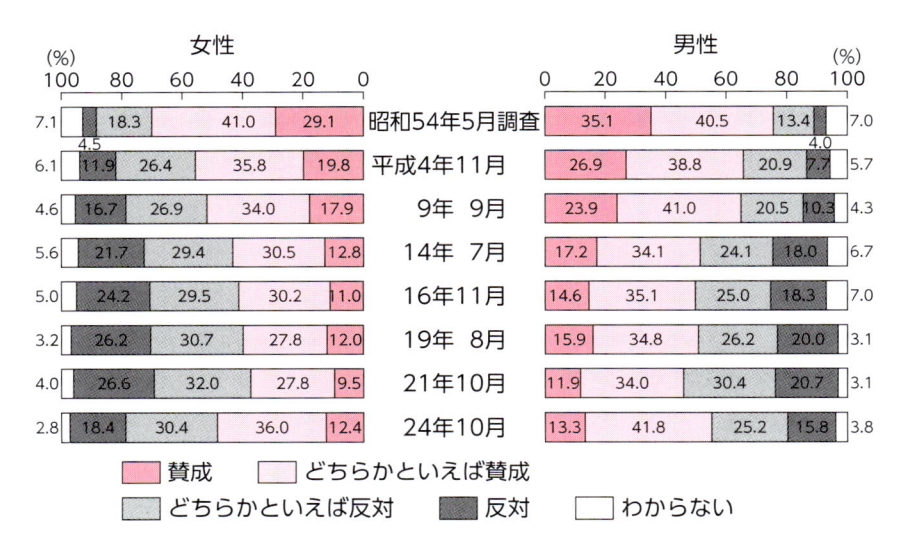

図 12 − 4　「夫は外で働き、妻は家を守るべきである」という考え方に関する意識の変化

出所：内閣府「男女共同参画社会に関する世論調査」より作成

こうした意識が、「男なのに」「女のくせに」というようなハラスメントにつながることはけっして許されることではありません。社会の意識変革はまだ途上であるといえるでしょう。

② ワークライフバランス

「働き方改革」が声高に叫ばれるようになり、ワーク（仕事）とライフ（家庭生活など）のバランスをとることが大切だといわれるようになりました。その背景には、長時間労働による過労死や、うつ病、中高年男性の自死者の多さなどの問題があります。

個人の意識変革だけでワークライフバランスを図るのは難しい面もあります。休暇制度を整備すること、保育所を充実させることなども含めて社会や企業がいろいろな働き方や生き方をサポートしていくことが不可欠です。

4　中年クライシス

どのような生き方を選択したにしろ、成人期中期から後期（40代、50代ころ）には「この生き方でよかったのか」「別の生き方があったのでは」という後悔や迷いが生じることがあります。また家庭生活や職業生活において責任が重くなる時期でもあり、精神的疲労が溜まりがちです。そして、20代や30代とは違ったライフ・イベントや変化を感じることになり、落ち込んだり虚しさを感じたりします。こうした心理的危機のことを「中年クライシス」といいます。

① 健康問題、体力の低下

この年代になると、身体のどこかに不調や体力の低下を感じることが増えます。白髪がみつかり皮膚の衰えに気づき老化を感じ始めます。更年期障害に悩まされる人もいます。気持ちはまだ若いつもりでいても、それまでのように仕事や家事をこなせないことで自分に対しふがいなさを感じることがあります。したがってこの時期は「思春期」に対して「思秋期」といわれ、「人生のピークを過ぎた」「老い始めた」自分への自覚と、それを認めたくない、抵抗する気持ち、物悲しさなどが芽生えます。

② 介護問題

人によっては、自分の親世代の介護の問題が生じることがあります。実際にケアに携わる場合は、身体的な負担感も増大します。それだけでなく、現実的な「老後」に直面することで憂鬱になることもあります。

また、「ダブルケア」という言葉も聞かれるようになりました。女性の社会進出が進み、出産の高齢化が進んでいます。高齢で子どもをもっ

+α

中高年男性の自死

平成 29 年の自殺の状況（警察庁、2018）では、男性は女性より自殺者数が多く（2.3 倍）、年齢別では 40 代〜 60 代が多くなっている。

コトバ

更年期障害

閉経にともなう女性ホルモンの低下により、心身にさまざまな変化が起きる。のぼせ、めまい、疲れやすさ、イライラ、意欲の低下などがみられる。近年は男性にも更年期障害があることが認知されるようになってきている。

た人が、自分の子どものケアと親世代の介護が同時期に重なり、両方の
ケアに追われることです。現代的な特徴であり、サポートを得られない
ままがんばらざるを得ない人が出てきていることにも関心を払う必要が
あります。

③ 空の巣症候群

　これまで子どもを育ててきた人が、子どもが巣立った後に心にぽっか
り穴が開いたように生きがいを喪失することをいいます。

> **事例1　中年クライシス——J 子さんの場合**
>
> 　51 歳になる J 子さんは、末子の大学進学で、3 人の子ども
> が皆、家を出てしまった。ぽっかりとした空虚感を感じるとと
> もに、涙が止まらなくなった。追いうちをかけるように、体が
> 揺れるようなめまいと、ほてりなど更年期障害の症状が出始め
> た。病院を次々と替えて検査をしたが、異常はみつからず、処
> 方される薬を飲んでも改善しなかった。習いごとも友だちとの
> 付き合いも楽しくなく、家に閉じこもりがちになり、夫や子ど
> もたちがそれぞれの世界で楽しそうにしている姿に嫉妬し、自
> 分の居場所がみつからないことに苛立ちを感じた。体重が数か
> 月で 10 キロも減少したことから、医師よりカウンセリング
> につなげられた。これまでの生き方を振り返るとともに、休
> 息を取ることを学び、自分を主体にした生活設計を立て直し、
> 夫とのコミュニケーション改善を図る必要があった。（村本、
> 2005）

　クライシスは「危機」と訳されることが多いですが、「分岐点」の意
味合いもあります。この時期は心理的な苦悩や葛藤を抱くことを通し、
「これまでの自分」と「これからの自分」の生き方をみつめ、その後の
人生を再構築する「分岐点」といえるでしょう。

老年期の発達

1 加齢にともなう現象

老年期の特徴の一つとして、疾病と老化現象の増加があります。

疾病について、厚生労働省が国民生活基礎調査を行っています。2016（平成28）年の調査では、有訴者（身体の不調に自覚症状がある者）と通院者の割合が、年齢が上がるにしたがって上昇しています（65歳以上では有訴者率が44.6％、通院者率が68.7％で、75歳以上では有訴者率が50.5％、通院者率が72.8％）。老年期になるとどこかに身体の不調を感じ、通院する人が多いことがわかります。

高血圧症、糖尿病、脳梗塞、認知症なども、老年期に多くみられる疾病です。場合によって入院や在宅ケアが必要になる場合もあります。

老化については、まず目や耳の機能低下があげられます。そのほか、骨がもろくなったり関節が痛んだりして歩行が困難になることもあります。骨折をきっかけとして介護が必要な状態になることもあります。

2 喪失体験

『終わった人』という映画がありました（監督：中田秀夫・原作：内館牧子）。定年退職したサラリーマンが、社会や家庭のなかで居場所を失い、新たな生きがいもみつけられず、何とか第二の人生を模索しようともがく物語です。この話のように、退職と同時に社会的な地位や役割、居場所や生きがいを喪失することで、自己のあり方が根底から揺らぐ人もいます。

また、老年期はそれまでの年代よりもより「死」が身近になる年代といえるでしょう。同年代の仲間がだんだんと欠けていき、配偶者を見送る人もいます。いつかの別れを予期していても、死別は高齢者の心に大きな影響を与え、ふさぎこみ外に出なくなる人もいます。

対象喪失

身近な人との死別、失恋などの別離、自分の誇りや所有物、意味をもつような対象の喪失を体験すること（小此木、1979）。

　こうした喪失体験により、心身に何らかの反応が起きる場合もあります。よく眠れない、何かをやる気が起きないなどです。喪失体験は時間をかけて本人が少しずつ受容していくものであり、安易な励ましは避けなくてはなりません。

3　成熟

　ネガティブなイメージがつきまとう老年期ですが、実はこの時期になっても衰えない、あるいは成熟・熟達するものがあることもわかってきています。

1 知能

　知能には、流動性知能と結晶性知能とがあります。流動性知能とは、新しい環境に適応することに関わる能力で、計算力や暗記力、思考力など情報処理能力です。結晶性知能とは、これまでの経験や教育によって学んできたことを生かす能力で、洞察力や判断力、コミュニケーション力などが含まれます。

　流動性知能は25歳ころがピークで、その後低下するとされています。一方で結晶性知能は、高齢期に至るまで高まる、あるいは高いまま維持されることがわかっています。しかし流動性知能が低下しても、日常生活は問題なく過ごせている高齢者もいます。さまざまな要因が考えられますが、一つには新しいことを必要としない生活を送っているために支障がないことが考えられます。また流動性知能が低下しても、それを結晶性知能によって補うなど、今ある能力を活用して調整しているのではないかという説もあります。

2 知恵

　老年期のポジティブな特徴として、長年生きてきた経験値が、知恵として蓄積されていることがあげられます。何か相談したいとき、経験豊富で気持ちをわかってくれる人に話をしたいと思うでしょう。またライバル視する同年代よりも、すでに人生の限界を悟り、深い洞察力をもつ人のほうが話しやすいこともあるでしょう。こうした知恵を備えた高齢者の存在は、先人の知恵を後世に伝えていく重要な意義ももつといえます。

4　サクセスフルエイジング

　老年期のネガティブな側面だけでなく、ポジティブな側面に注目した

概念として「サクセスフルエイジング」という言葉が使われるようになりました。この言葉は複数の学問領域で使用されており、統一した定義はありませんが、「幸福な老い」などと訳されることがあります。

谷井（2001）は、モデルケースを提示しながら概念を分析しています。それによると「自立した独居生活を望み、老化現象による体力の低下や機能喪失、生活行動の狭小化、社会参加の減少等の新たに直面する体験を自然のこととして受けとめ、それらを補うために今まで蓄積された経験を生かし自分なりの問題解決を考え、必要な社会的資源の選択・活用をし、また自己の可能性を見出し新たな生き甲斐や目標をもって、できる限り社会に役立ちたいと挑戦している」姿をサクセスフルエイジングとして表現しています。

しかし、現代のような超高齢社会はこれまで人類が経験したことのないものであり、まだモデル化できるところまで至っていないのが現状です。また、「健康で自立し生涯現役で挑戦する」ことがサクセスであるという価値観が広がることで、そうではない高齢者は人生に成功していないというようなイメージをもたせることに異議を唱える人もいます。

高齢社会を迎え、老年期に関する知見がより一層蓄積されていくことが求められています。しかし老年期だけが特別に独立しているわけではなく、生涯発達の観点にたち、青年期、成人期から続く自分らしいあり方の追求の結果としての老年期、という視点を忘れてはならないでしょう。年を重ねることをやみくもに否定するのではなく、あきらめて後ろ向きになるのでもなく。自分がどのように生きて、どのように死んでいくのか、人生の集大成として老年期をとらえられることが望ましいでしょう。

演習課題

① 中年クライシスにはどのようなものがあるかあげてみましょう。
② 老年期のネガティブな特徴と、ポジティブな特徴についてそれぞれまとめてみましょう。

【引用・参考文献】

安達智子　「職業に対するジェンダー・ステレオタイプ──女性職は女らしい？　男性職は男らしい？──」『日本教育心理学会第 52 回総会発表論文集』　2010 年

岡本祐子・松下美知子編　『新・女性のためのライフサイクル心理学』　福村出版　2002 年

警察庁　「平成 29 年中の自殺の状況」　2018 年

　https://www.npa.go.jp/safetylife/seianki/jisatsu/H29/H29_jisatsunojoukyou_01.pdf

　（2018 年 8 月 20 日アクセス）

厚生労働省　「平成 27 年版　働く女性の実情（Ⅲ部）（概要版）」　2016 年

　http://www.mhlw.go.jp/bunya/koyoukintou/josei-jitsujo/dl/15gaiyou.pdf　（2018 年 6 月 27 日アクセス）

厚生労働省　「平成 28 年人口動態統計」　2017 年

　http://www.mhlw.go.jp/toukei/saikin/hw/jinkou/kakutei16/dl/03_h1.pdf　（2018 年 6 月 28 日アクセス）

厚生労働省　「平成 28 年国民生活基礎調査」

　http://www.mhlw.go.jp/toukei/saikin/hw/k-tyosa/k-tyosa16/dl/04.pdf　（2018 年 6 月 28 日アクセス）

小此木啓吾　『対象喪失　悲しむということ』　中公新書　1979 年

佐藤眞一・髙山　緑・増本康平　『老いのこころ　加齢と成熟の発達心理学』　有斐閣　2014 年

渋谷区　「パートナーシップ証明書【概要版】」

　https://www.city.shibuya.tokyo.jp/assets/com/000033474.pdf　（2018 年 8 月 20 日アクセス）

総務省「平成 27 年　労働力調査年報」

谷井康子　「サクセスフル・エイジング概念分析」『日本看護科学会誌　21』（2）　2001 年

高橋惠子・湯川良三・安藤寿康・秋山弘子編　『発達科学入門（3）青年期〜後期高齢期』　東京大学出版会　2012 年

内閣府　「男女共同参画白書　平成 25 年度版」　2014 年

　http://www.gender.go.jp/about_danjo/whitepaper/h25/zentai/html/zuhyo/zuhyo01-00-24.html　（2018 年 6 月 27 日アクセス）

村本邦子　「子産み・子育てをめぐる成人の危機と援助」　上里一郎監修・岡本祐子編　『成人期の危機と心理臨床──壮年期に灯る危険信号とその援助──』　ゆまに書房　2005 年

第13章

乳幼児期の学びに関する理論

心理学ではこれまで、人が「学ぶ」ということに関する理論がいくつも生み出されてきました。それぞれの理論を整理して理解しましょう。そして理論をもとに、子どもが学びやすい環境、関わりについて考えてみましょう。

学習理論

学習のポイント

人間が新しい行動を身につけるメカニズムについて学びます。学習理論を理解することは、子どもへの関わり方を考えるうえでヒントを与えてくれるでしょう。

1 学習するとは

皆さんは、はじめて電車に乗ったときのことを覚えているでしょうか。はじめて一人で買い物に行ったときのことはどうでしょうか。人は発達するうえで、何度も「はじめて」の体験をして新しくできることを増やしていきます。

では、人はどのようにして新しい行動ができるようになるのでしょうか。心理学では、人が新しい行動を身につけることを「学習する」「学習が成立する」といういい方をします。一般的に「学習」というと、家庭学習や学習塾というように「勉強」という意味で使用することが多いです。しかし心理学では勉強に限らず、もっと広い意味で新しい行動様式を獲得すること全般に「学習」という言葉を用いるのです。そしてそれは練習や経験の結果として生じる、比較的永続的な行動の変容、つまり一瞬だけやってみたというような行動ではなく、経験して身についた行動を意味します。

人が新しい行動を身につける「学習」のメカニズムについての理論を「学習理論」といいます。ここでは「条件づけ」と「モデリング」について学びましょう。

2 条件づけ

① 古典的条件づけ（レスポンデント条件づけ）

生理学者のパブロフは、実験のため犬を飼っていました。あるとき、エサをあげようと犬に近づいていったところ、パブロフの足音を聞いただけで犬が唾液を流していることに気がつきました。そこで、犬にエサを与えるときに後ろでメトロノームの音を流す実験を行いました。その結果、エサをみせなくても、メトロノームの音を聞くだけで、犬は唾液

コトバ

レスポンデント条件づけ
response（反応する）の意味に由来する。

人物

パブロフ
Ivan Petrovich Pavlov
（1849-1936）
ロシアの生理学者。古典的条件づけの条件反射のメカニズムは「パブロフの犬のように」などと表現されることも多い。

を流すようになることがわかりました（図13−1）。

図13−1　パブロフの実験装置

出所：日本大百科全書（ニッポニカ）を参考にして作図

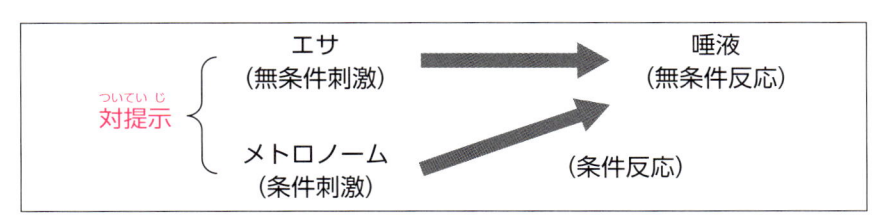

エサをみて唾液を流すのは、生物に普通にみられる反応です。何も手を加えていないことから、エサ（＝無条件刺激）に対する唾液反応（＝無条件反応）と考えられます。一方、エサを与えられるときにメトロノームの音を聞かせる手続きは、この犬だけになされたものです。条件づけられたことにより、エサがなくてもメトロノームの音（＝条件刺激）によって唾液を流す（＝条件反応）、というメカニズムが明らかにされたのです。この条件づけを「古典的条件づけ」または「レスポンデント条件づけ」といいます。

犬だけでなく、私たちにも古典的条件づけで説明できる行動があります。たとえば、皆さんには嫌いな食べ物はありませんか。いつ、どうしてその食べ物が嫌いになったのか、思い出せるでしょうか。初めて食べたときに気持ちが悪くなった、その食べ物に虫がついてたのをみてから食べられなくなった…など、理由を思い出せる人もいるかもしれません。これは次のように図示できます。

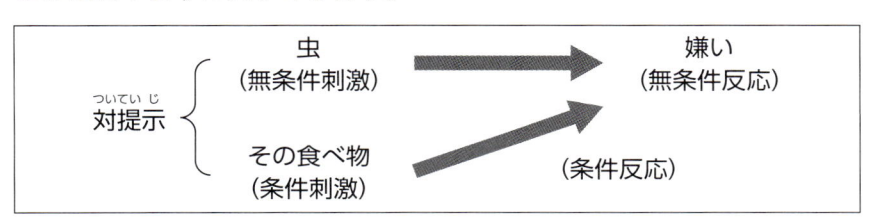

　また、好感度タレントが CM に使われるのはなぜでしょうか。人気があるタレントがその商品を紹介することによって、その商品のイメージもよくなることを狙っているからです。

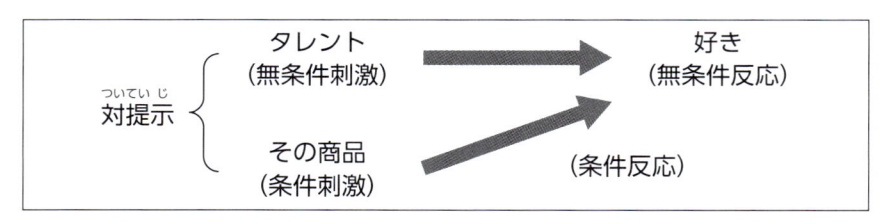

② 道具的条件づけ（オペラント条件づけ）

　「道具的条件づけ」あるいは「オペラント条件づけ」はスキナーが体系化した理論です。

オペラント条件づけ

operate（自発的に動く）の意味に由来する。自発的に動いた行動に報酬が与えられることで条件づけられるのがオペラント条件づけである。

スキナー

B.F.Skinner
（1904-1990）
アメリカの心理学者。オペラント条件づけのほか、それを教育に応用したプログラム学習を提唱。現在の教育やカウンセリングに影響を与えた。

図 13 － 2　スキナーボックス

出所：日本大百科全書（ニッポニカ）を参考にして作図

　空腹のネズミを実験箱に入れました（図 13 － 2）。実験箱は、レバーを押したときだけエサ皿にエサが出てくるような装置になっています。ネズミは飛び動き回っているうち、たまたまレバーを押したところ、エサを手に入れることができました。何度か繰り返していくうちに、ネズミはレバーを押すとエサが手に入ることを学習して、何度もレバーを押す行動をするようになります。このことから、ある行動にエサを与えるとその行動の出現率が上がる（＝強化する）ことがわかり、行動を身につけさせるためには、報酬を与えることが効果的であるという理論が導き出されました。スキナーはそれを「道具的条件づけ」「オペラント条件づけ」と名づけました。

　人は、褒められたり、ご褒美をもらえたりするとその行動を繰り返しやろうとします。繰り返すことでしっかりその行動が身につきます。私たちは幼少期から周囲の大人にいろいろな形で報酬をもらいながら、新しい行動を身につけてきたといえるでしょう（図 13 － 3）。

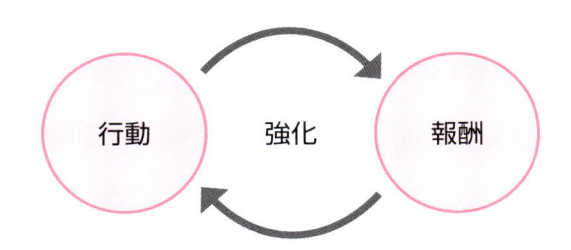

図13−3　報酬によって行動が強化される

出所：杉﨑雅子　『スギ先生と学ぶ教育相談のきほん』を参考に作図

3 モデリング

　初めて訪れた町で一人でランチをすることになりました。なじんだチェーン店も見当たらず、今までは入ったことのない食堂に入ったとします。席を案内されるのか、自分で席を先にとるのか、食券を先に買うのか、お盆をもって並ぶのか？いろいろな形態がありますが、店に入ったときにそのシステムや流れがわかりづらかった場合、まずどのようにするでしょうか。

　わからないこと、初めてのことに遭遇したときや、どうしたらいいか迷うようなとき、人はほかの人の様子やふるまいを観察して、同じようにまねをしようとするのではないでしょうか。この、「観察して、まねをする」ことを、「観察学習」あるいは「モデリング」といって、私たちが新しいことを学習するうえで多く行っている方法になります。

動機づけ

1 動機づけ

動機づけとは意欲、やる気のことです。動機づけには2種類あります。

1 外発的動機づけ

報酬や罰を与えたり、競争させたりして外からの要因で動機づけることを外発的動機づけといいます。「お医者さんに行くのをがんばったらご褒美にお菓子をあげるから」「お片づけをしなかったらおやつはなしですよ」「お兄ちゃんとどちらが早くお着替えできるかな?」などといって、課題に取り組ませるなどがこれにあたります。

いつもいつも報酬と罰を与えること、極度の罰を与えることなどは注意が必要です。しかし、初めて取り組むことのきっかけづくりには有効な面もあります。

2 内発的動機づけ

「みた目にはなんの報酬もないのに、その人が当の活動から喜びを引き出している」(デシ、1980)、つまり活動そのものが楽しいなど本人自身によって動機づけられる場合を内発的動機づけといいます。誰にも褒められなくても、その遊びが楽しくて没頭して取り組むなどがこれにあたります。

教育的には、外発的動機づけより、内発的動機づけによって子どもが自主的、主体的に活動に取り組むことが好ましいと考えられます。しかし外発的か内発的かは固定されたものではなく、移行することがあります。たとえば、お金目当てで始めた高額の塾講師のアルバイトを経験し、教えることの楽しさに目覚め、教師になるための勉強を始める、などは、外発的(金銭という報酬目当て)から内発的(教えたい、そのための勉強をしたい)に動機が移行したことになります。

一方で、内発的から外発的に移行してしまう場合もあります。子どもが内発的に動機づけられているときに、報酬を与えてしまうと、その活

動をしなくなってしまうというものです。これをアンダーマイニング現象といいます（第2章第3節参照）。

<実験例>

　幼児にマジックを渡し、きれいな絵を描くように伝えました。子どもたちは楽しんで絵を描いていました。「それを描いたらご褒美をあげるよ」と言ったところ、ご褒美がもらえないときには絵を描かなくなってしまいました。（Lepper ら、1973）

　このように、子どもが自分から楽しくその活動を行っているときには、報酬を与えることにも注意が必要です。

2　内発的動機づけを高めるために

　どのようにしたら内発的動機づけを高めることができるのでしょうか。3つの方法をあげます。

① 知的好奇心への働きかけ

　乳幼児は目にしたもの何にでも興味をもち、手を伸ばそうとします。このように人間は本来、知的好奇心のかたまりです。知的好奇心が刺激されるような働きかけをすることで、内発的に動機づけられた活動を引き出すことができます。

　人は初めて出会うもの、それまで知らなかったこと、「へえー」と意外に思うことにふれると知的好奇心が湧き起こります。そのような環境を子どもに用意することで、子どもが内発的に「それを知りたい」「やってみたい」と思う意欲を引き出すことができます。

② 達成動機への働きかけ

　達成動機とは「何かやりがいのあることを成し遂げたいという欲求」のことです（市川、2001）。解くのが難しいといわれている問題を解いてみたいなど、難しいことにチャレンジして達成してみたい、できる人が限られていることを達成して名を残したいなどが当てはまります。達成動機の特に強い人、それほど強くない人といった個人差はありますが、誰にでも少なからず備わっている欲求です。

　達成動機への働きかけとはたとえば、年齢より少し難しい課題を「もっとお兄さんになってからじゃないとできないことだけど、やってみようか？どこまでできるかな？」などといって誘いかけてみる、などです。達成動機の強い子どもなら、意欲を出して課題をやろうとして、「自分がお兄さんである」ことを何とかしてみせようとするかもしれません。

しかし、あまりに難しい課題を繰り返すと、自信をなくして意欲が減ってしまうかもしれません。

　また、失敗を恐れて新奇なことにはなかなか手を出さないタイプの子どももいます。そのような子どもは確実にできるやさしい課題を繰り返しやることになら意欲を示すかもしれません。しかし、できて当たり前のことばかり繰り返すことは、達成感を感じにくくなるので取り組まなくなる可能性もあります。

　一般的には、中くらい（ほどほどに難しい、がんばればできるかもしれない程度）の課題のときに「やってみようという意欲」と「やれたときの達成感」が一番高まると考えられています。子どものタイプを見極め、どのような課題に取り組むのがいいのか、どこまで手助けするのか、どのような準備をするのかを検討する必要があります。そうすることで子どもが意欲的に活動に取り組み、達成感を感じられるようになるのです。

③ 自己選択の機会を与える

　人は、やったほうがいいとわかっていることでも、人から強制されるとやる気が減少する傾向があります。逆に、自分で選択、決定ができると、やる気が高まることがあります。

　何か活動をする際、最初から「Ａをやるよ、次にＢだよ」というのではなく、どちらから始めてもかまわない場合は「Ａからやる？それともＢからやる？」と子どもに選んでもらいます。あまり乗り気でない場合でも、自分で「Ａにする」と選んだ場合は、やろうか、という気持ちが強まるのです。何もかも子どもに決めてもらうわけにはなかなかいきませんが、可能な範囲で子どもの自己決定の機会をつくれると、内発的動機づけを高めることにつながるでしょう。

第3節
子どもが学びやすい環境

学習のポイント

学習理論や動機づけの理論を踏まえ、子どもを褒めること、叱ることの留意点について学びます。子どもが安心して学んでいける環境についても考えてみましょう。

1　褒めることと叱ること

これまで学習理論や動機づけの理論について学んできました。それらの理論からわかるように、大人は、子どもにさまざまな形で報酬と罰を与え、子どもに望ましい行動を学習させたり、意欲を引き出して物事に取り組ませたりしています。報酬と罰のうち、最も手軽で頻繁に行われているのは褒めることと叱ることでしょう。

人は誰でも褒められるとうれしい、叱られるとその行為をやめると考えられていますが、そう単純なものではないようです。手軽に使用されるからこそ、褒めることと叱ることの留意点を考えてみましょう。

2　叱ることの留意点

① 罰ではその行動は消えない

オペラント条件づけにおいて、レバー押し行動が条件づけられた後で、レバーが押されると電気ショックという罰が与えられる、という実験が行われました。当初は、ネズミはエサを求めて何度かレバー押しを続けますが、徐々に出現頻度は減少し、やがてレバーを押さなくなります。一見、罰によってその行動が止められたようにみえますが、実はこの実験には続きがあります。レバーを押しても電気ショックが与えられないようにすると、ネズミはレバー押し行動を再びするようになったのです。

このことから、罰を与えることは一見、その行動が消失したようにみえても、実際にはその行動は実行されないだけで身についたままであることがわかります。皆さんも、叱られた人の前ではその行動をしないように気をつけても、ほかの場面ではその行動をした経験があるのではないでしょうか。叱るという罰を与えることの効果を考えてみる必要があります。

また、あまりに大きい罰を与えて子どもをコントロールしようとして

いると、「罰を与えられないようにしよう」というところに子どもの関心が向き、難しい課題に挑戦しようという意欲が育たないことがわかっています。失敗して罰を与えられるより、目立たず何もしない、あるいは確実にできることだけする、という選択をするようになるからです。罰は動機づけの観点からもマイナス面が指摘されています。

② 叱ることの悪影響

集団生活をしているなかで子どもを叱る場合には、一対一で子どもと関わっているときとは異なる注意が必要です。

事例1　叱る場面での観察学習

　Aくんが触ってはいけない書類を触ろうとしていたので、先生は皆の前でAくんを叱りました。大人がだめといったらその行動はしない、という決まりを守ることが大切だとほかの子どもにも伝えたかったからです。Aくんが叱られる姿をみて、ほかの子どもたちも気をつけてくれると考えました。しかし、その後クラスで誰かが決まりを守らない行動をすると、ほかの子どもがとても激しくその子を責めるような雰囲気がみられました。子どもたちは「悪いことをした子は叱って泣かせていい」という雰囲気を学習してしまったようです。

この例のように、叱ることによって当該の子どもだけでなく、ほかの子どもにも影響が出ることを理解しておかなくてはなりません。子どもは大人のどこをみて観察学習するかわからないからです。

叱るときには、

・当該児はもちろん、ほかの子どもにも、なぜ叱られるのか、どうすればいいのかを説明する
・してしまった行為と叱りの程度が釣り合っている
・自分が叱られているのではなくても、ショックを受けていたりおびえたりしている子がいないかを気をつけてみておく
・叱ることが褒めることより多くならないようにする

などの注意が必要です。

3　褒めることの留意点

　褒めることについてはどのような留意点があるでしょうか。アンダーマイニング現象のように、褒めることにも有害な場合があります。

　また、有害とまでいかなくても、褒めれば何でも意欲をもってその行動をする、というわけではないようです。

　たとえば、「えらいねえ、いつもそれができれば一番いいのにねえ」と皮肉っぽくいわれたらどうでしょうか。自分だけがその行動をやったわけではないのに、集団の前で自分だけ褒められたらうれしいでしょうか。5歳の子が2歳の子のように褒められたら喜ぶでしょうか。

　その子どもの行為の奥にある気持ちや欲求を理解し、子どもがうれしく思うポイントを、わかりやすいいい方や表情で褒めることが重要です。

4　子どもが学びやすい環境とは

　これまでみてきたように、子どもが意欲をもって新しい行動を獲得していくためには、学びを促進する環境を設定することが重要です。子どもが好奇心をもって活動できる。難しいことにもチャレンジでき、失敗も許される雰囲気がある。自己決定の機会が保障されている。そして信頼できる大人が見守り、支援し、ときには適切に褒めてくれる、叱ってくれる。そのような環境で、子どもは安心してさまざまなことを学んでいけるのです。

演習課題

① 保育場面において内発的動機づけを高める働きかけにはどのような ものがあるか考えてみましょう。
② 褒めることと叱ることの留意点をあげてみましょう。

【引用・参考文献】

エドワード・L・デシ、リチャード・フラスト著／桜井茂男訳 『人を伸ばす力　内発と自 律のすすめ』　新曜社　1999 年

ハ・エス・コシトヤンツ編／東大ソヴェト医学研究会訳 『パヴロフ選集（上）』 合同出版 社　1962 年

A・バンデュラ編／原野広太郎・福島脩美訳 『モデリングの心理学──観察学習の理論と 方法』　金子書房　1975 年

B.F. スキナー著／河合伊六ら訳 『科学と人間行動』 二瓶社　2003 年

E.L. デシ著／安藤延男・石田梅男訳 『内発的動機づけ　実験社会心理学的アプローチ』 誠信書房　1980 年

Lepper, M.R., Greene, D. & Nisbett, R.E., Undermining children's intrinsic interest with extrinsic rewards: A test of the "overjustification" hypothesis. *Journal of Personality and Social Psychology* 28. （1973）

市川伸一 『学ぶ意欲の心理学』 PHP 研究所　2001 年

鹿毛雅治編 『モティベーションを学ぶ 12 の理論』 金剛出版　2012 年

杉﨑雅子 『スギ先生と学ぶ教育相談のきほん』 萌文書林　2018 年

高村和代・安藤史高・小平英志 『保育のためのやさしい教育心理学』 ナカニシヤ出版 2009 年

古川　聡編著 『教職に活かす教育心理──子どもと学校の今』 福村出版　2000 年

第14章

乳幼児期の
学び（遊び）の過程

「遊ぶこと」の意味や遊びの機能について学びます。保育のなかで「遊ぶこと」をどうとらえるか、子どもの発達と遊びの関係、遊びが学びにつながっていく過程について理解していきましょう。

第1節
遊びとは？遊びの意味

学習のポイント

子どもにとっての遊びは、遊ぶことそのものが重要な活動であり、自発的で楽しく、生活そのものをつくっている基礎的なものです。生活と遊びが保育実践の中心にあります。

1　重要な保育内容としての遊び

こどもは園での生活のなかで、さまざまな活動を行い、そのときそのときの活動を通して、発達に必要な経験を積んでいます。特に、幼児期の生活については、幼稚園教育要領第1章総則に「幼児の自発的な活動としての遊びは、心身の調和のとれた発達の基礎を培う重要な学習である」と記され、遊びを重要な保育内容の一つに位置づけています。

子どもにとって遊ぶとは、自発的な取り組みで、それ自体が楽しい経験です。子どもはいろいろな遊びを楽しみますが、具体的、直接的で身体活動をともなうことが特徴といえます。目的や成果を求めるというのではなく、それをすること自体が楽しいという活動です。たとえば、砂遊びに没頭する、紙を真剣に切り刻む、すべり台を何度も滑るという自己的活動もあれば、すもうをとる、ケーキ屋さんごっこでお客さんになって買い物をする、太鼓をたたいて友だちと一緒に踊り関わるという対人的活動もあります。4・5歳児がドッジボールやトランプなどルールのある遊びをしたり、グループ対抗でリレーをしたり、また次の事例のように夏祭りで共通のテーマに沿って活動するなど、集団で取り組む活動・遊びもあります。

自己的活動

人間は関係的な存在で、「自己」「人」「物」に関わりながら生活している。関わる対象により「自己的活動」「対人的活動」「集団的な活動」としてとらえることができる。

事例1　竜宮城へいこう

こみね保育園の今年の活動のテーマは「海」である。夏祭りには[竜宮城]をキーワードに、魚のダンスや貝をイメージしたゲームを行うことになった。5歳児は、魚別にグループをつくってダンスを考え、衣装を準備している。くじ引きをつくり、アイスクリームを賞品に用意した。4歳児はエビカニのダンスに挑戦している。3歳児の子どもたちは、ダンスの招待券とくじ引き券をもらい、やる気満々で当日を楽しみにしている。2歳児は先生たちがつくった

大道具の岩がお気に入りで、投げたり転がしたりして遊んでいる。

2　自発的な行為としての遊び

　ホイジンガーは人間を「ホモ・ルーデンス（遊戯人）」とよび、「人間は商売や競争、戦争のような活動、つまり始まりや終わりがあり、ルールが存在するなどの展開をする活動を好む」存在であるとし、「遊びとははっきり定められた時間・空間の範囲内で行われる自発的な行為もしくは活動である」と述べました。この考え方にならい、小川は遊びを、「第一に遊びは遊び手が自ら選んで取り組む活動である。これを遊びの自発性とよんでおく。第二には遊び手がほかの目的のためにやる活動ではなく、遊ぶこと自体が目的となる活動である。第三にその活動自体、楽しいとか喜びという感情に結びつく活動であろうということである。第四に遊びは自ら進んでその活動に参加しなければ、味わうことができないということである」と述べています。

　子どもが自発的に行うという基本は大切ですが、子どもが自発的に関わろうと思える遊びの環境を用意するのは、保育者の役割です。園全体で夏祭りの活動をするときでも、保育者が主導するのではなく、子どもたちがお互いの思いや考えを出し合うという場面に子どもの自発性・主体性があります。また、幼児期後半（4・5歳児）のクラスでは小グループでの活動を通じて、遊びの目的を考え、お互いのイメージを共有し、ゴールを設定してそこに向かっていく、という活動、つまり協働の遊びの機会が増えます。増えるというより、そのようなきっかけを保育者が環境のなかに用意していくことが重要でしょう。

人物

ホイジンガー
（1872-1945）
オランダの歴史学者、思想家。歴史学、民族学、そして言語学を総合した独自の研究から、「人間活動の本質が遊びであり、文化の根源には遊びがあること」とした。

●コラム●

　12世紀ごろ、後白河法皇の選で集められた今様を集めた本の『梁塵秘抄』359番には、子どもの遊ぶ姿を詠んだ今様が紹介されています。
　　遊びをせんとや生まれけむ、
　　戯（たわぶ）れせんとや生（む）まれけん、
　　遊ぶ子供の声聞けば、我が身さへこそ揺（ゆ）るがるれ
　意味は「人は遊ぶために生まれてきたのだろうか、遊ぶ子どもの声を聞くと、（もう子どもではない）自分も遊びたくてうずうずしてくる」と解釈され（諸説あり）、幼子の遊ぶ姿の愛らしさがうたわれています。

遊びの分類と特徴

学習のポイント

子どもの遊びの基本的なとらえ方を学びましょう。発達的な側面、活動形態などがありますが、この節では原理的な分類、機能的な分類の視点から遊びをとらえます。

コトバ

発達的な側面

ピアジェの認識面からの分類では「機能遊び」「象徴遊び」「規則遊び」などがある（⇒ p.92）。

人　物

カイヨワ

Roger Caillois

(1913-1978)

フランスの社会学者・哲学者、批評家。聖なるもの、戦争、夢など、その研究は多岐にわたる。

人　物

ビューラー

Karl Buhler

(1879-1963)

ドイツの心理学者。遊びを心理的機能から分類した。

1　遊びの分類

カイヨワは遊びの特徴として、①自由な活動、②隔離された活動、③未確定の活動、④非生産的活動、⑤規則のある活動、⑥虚構の活動の6つをあげ、さらに遊びを次の4種類に分類しました。

①アゴン（競争）：かけっこ、おにごっこ、サッカーなど

②アレア（運）：じゃんけん、双六、パチンコなど

③ミミクリ（模擬）：まねっこ、ままごと、人形遊び、仮装など

④イリンクス（めまい）：ぐるぐるまわし、ブランコ、メリーゴーランドなど

それぞれの遊びが遊戯的なところから競技の程度がしだいに強まっていく、としています。

皆さんも、テーマパークなどに行き、乗り物に乗ったり、ショーを楽しんだりしますね。オリンピック等の大会で競技をみながら気持ちが高揚するという経験もあるかと思います。また、家でDVDを鑑賞する、静かに音楽に耳を傾けるなど、日常の生活のなかでさまざまに「遊ぶ」ということが経験されています。

2　遊びの機能

子どもの遊びを遊びの機能から分類したものとして、ビューラーの4つの分類がありますが、この分類に知育遊びを加え、遊びを5つの種類を分けた表を以下に示します（表14-1）。

表 14 － 1　遊びの種類と機能

遊びの種類	遊びの内容の例
①　機能遊び	体の感覚や運動機能を使った遊び ・みる、聞く、触るなどの感じる力が育つ ・体をコントロールする力が育つ
②　想像遊び	身近な人をモデルとして、しぐさや行動を真似して再現する遊び ・「みてまねる力」が育つ ・頭のなかのイメージを表現する力が育つ
③　受容遊び	お話や絵本、紙芝居、人形劇をみたり聞いたりする遊び ・じっと聞いたりみたりする力が育つ ・想像性や共感性が育つ
④　構成遊び	積み木、粘土、ブロック、砂、ダンボール等を使った遊び ・工夫して遊ぶ力が育つ ・協力する力が育つ
⑤　知育遊び	遊びとして楽しみながら子どもの知的発達を促すことに役立つ遊び ・文字や数字に関する力が育つ ・認知（記憶や推察・判断など）に関する力が育つ

出所：菊地篤子　「子どもの発達に応じた玩具」　吉田眞理監修　『保育する力』を参考にして作成

　保育実践においては、○○の遊びが機能遊びで　△△の遊びが想像遊びというように、一つの機能に分類されるのではなく、遊びは保育者の構成する環境を介して総合的に展開しています。たとえば、「ブロックで電車をつくり、段ボールの線路を走らせる。途中で「カンカン」と踏切の音をだす子どもがいて、「そこの駅で特急を待ち合わせます」という駅の人も現れる」など、刻々と遊びは変化していきます。保育者は遊びのなかで子どもがさまざまな経験ができるように、遊びの機能を理解し、展開している遊びをつなげたり、広げたり、子どもに役割を付与したり、遊びに名前をつけたりなど、遊びのヒントを提供できることが大切です。

第3節
遊び方の変化

学習のポイント

子どもは乳幼児期の発達の力を基礎とし、遊ぶという表現で自己の有り様を外に発信していきます。生活と遊びの連続性・継続性を通して、友だちと遊べる力が育ちます。

コトバ

幼児期の特性

幼稚園教育要領（第3教育課程の役割と編成等、3．教育課程の編成上の基本的事項）には、「自我が芽生え、他者の存在を意識し、自己を抑制しようとする気持ちが生まれる幼児期の特性を踏まえ」と記されており、3・4・5歳児の発達と対応してとらえることができる。

人物

パーテン

M.B.Parten
（1902-1970）
アメリカの発達心理学者。社会的参加度の観点から遊びを分類した。

1　発達と遊びの変化

子どもの発達の観点から遊びの変化をみていきます。前章で学んだように、子どもの発達する過程において、遊び方も変化していきます。赤ちゃんを大人があやして遊んだり、メリーの音や動きを楽しんで遊ぶ時期を経て、受け身で遊んでいる姿から、自分の手足を動かして遊んだりします。手で物が握れるようになると、ガラガラをふったりして自ら遊び出します。座ることができるようになると、体の前で積み木を操作したりします。だんだん器用になり、つまむ、押し込むなど、玩具を使った遊びを楽しみ始めます。

さらに歩行が始まり、言葉を使い、手で物を操作できるようになるころ、言葉によるコミュニケーションの力がつくとともに、模倣する力も芽生えてきます。このころになると、自分の思いをもちながら、ほかの人と関係をもって遊ぶ様子がみられます。

子どもは大人の手助けを受けながら自分の世界を広げ、物を操作する過程で、物の特性を知り、遊びこんで自分の世界を深めます。たとえば、ころころボールを転がし、取りにいってはまた転がし、「丸いものは転がっていく」ことを覚えます。大人が「丸いものは転がります」と説明する必要はないのです。物の動きから、実感をもって学んでいます。

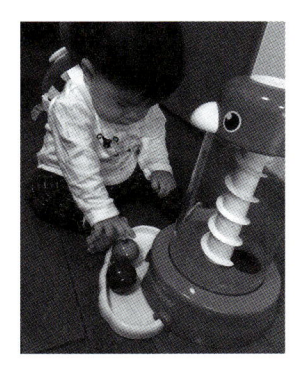

2　年齢による遊び方

パーテンは、社会的交渉の形から発達的観点で遊び方の変化をまとめました。

> ①　2、3歳児
> ・**傍観的行動**—他児の遊びをみていて、ときには声をかけたりする
> ・**一人遊び** ── 他児とはかかわらず、自分の活動に専念する
> ・**平行遊び** ── 他児のそばで類似した遊びをするが、お互いに独立
> 　　　　　　　して関わり合いややりとりはない状態
> ②　4・5歳児
> ・**連合遊び** ── 同じ一つの遊びをし、やりとりのある遊び
> ・**協同遊び** ── 共通の目的があり、ルールや役割分担がある遊び

　前章で説明があったように、2008年版の保育所保育指針の発達過程の説明では、年齢による子どもの遊び方の特徴が記されています。以下年齢に沿ってみていきましょう。パーテンの表と比べながら、具体的な遊びの場面を思い浮かべて遊び方の変化の過程を確認してください。

【おおむね2歳】
―（略）盛んに模倣し、物事の間の共通性を見いだすことができるようになるとともに、象徴機能の発達により、大人と一緒に簡単なごっこ遊びを楽しむようになる。

【おおむね3歳】
―（略）友達との関わりが多くなるが、実際には、同じ遊びをそれぞれが楽しんでいる平行遊びであることが多い。大人の行動や日常生活において経験したことをごっこ遊びに取り入れたり、象徴機能や観察力を発揮して、遊びの内容に発展性が見られるようになる。（略）

【おおむね4歳】
―（略）自然など身近な環境に積極的に関わり、様々な物の特性を知り、それらとの関わり方や遊び方を体得していく。想像力が豊かになり、目的を持って行動し、つくったり、かいたり、試したりするようになるが、自分の行動やその結果を予測して不安になるなどの葛藤も経験する。仲間とのつながりが強くなる中で、けんかも増えてくる。（略）

【おおむね5歳】
―（略）喜んで運動遊びをしたり、仲間と共に活発に遊ぶ。言葉によって共通のイメージを持って遊んだり、目的に向かって集団で行動をすることが増える。（略）

【おおむね6歳】
――（略）これまでの体験から、自信や、予想や見通しを立てる力が育ち、心身共に力があふれ、意欲が旺盛になる。仲間の意思を大切にしようとし、役割分担が生まれるような協同遊びやごっこ遊びを行い、満足するまで取り組もうとする。様々な知識や経験を生かし、創意工夫を重ね、遊びを発展させる。（略）

① 砂場で一人ひとり遊ぶ　　　② ダムをつくるなど協力して遊ぶ

　また、大人の生活のまねをし、ままごと遊びで「あら、ごちそうさま」「なかなかいい味ですね」といったり、「これは100円でお得ですよ」など生活の再現をしたりし、場面に応じた言葉やあいさつなども身につけます。
　いわゆる「ごっこ遊び」は「子どもが日常生活のなかで経験したことの蓄積からつもりになって「～のような」模倣をし、身近なものを見立て、役割実現するというような象徴的な遊び」をいいます。最初のころは積み木をサンドイッチにして食べるまねをします。ボールをりんごに見立て相手に「はいどうぞ」と渡すなどの見立て遊びをするようになります。また台所で料理をしたり、焼き鳥屋さんやレストランの人になって生活のさまざまな場面と役割を再現していきます。お母さんらしい口調のまねや、威勢のよい掛け声など、思わず笑ってしまうこともありますね。そして、4・5歳になると友だち同士で共通のイメージをもち、役になりきってストーリやセリフをつくるようになります。TVの登場人物をまねることもありますが、今ここで新しい場面をつくってストーリーや人物像を広げていきます。

3　集団的な遊びへの変化

　低年齢の子どもは、大人を仲立ちとしながら遊びますが、成長するにしたがい友だちと遊ぶようになっていきます。一人遊びから、平行遊び、2〜3人の遊びから集団的な遊びへと遊び方が変化し、仲間意識をもって遊ぶようになります。そのなかで、一緒に活動する楽しさもあれば、葛藤もあり、我慢しなければならないことも学ぶことになります。ルールや約束の大切さも遊びを通して実感し、納得しながら学びます。一方的な自己主張ではなく、相手の気持ちをしっかり聞くことや相手のことも考えて意見をいうことなどを通じ、社会生活を営むうえでの基本的な人としての姿勢を身につけていくと考えられます。

　ときどき、保育者の方から、一人で遊んでいることが多い子どもについて「Aちゃんが友だちと遊ばないけれども、どのように促したらよいか」という相談をうけることがあります。じっくりで一人で遊べるということはとても大事なことです。自分で試行錯誤して遊べることはとてもすばらしいことですし、特技にまでなれば立派なものです。ただ、園での生活を考えると、友だちと遊ぶことを大事にしたいという保育者の思いも理解できます。

　たとえば、Aちゃんは友だちと遊びたいようにみえるけれども、遊べていないならば、保育者が仲立ちして、一緒に遊べる方法を考えます。また、Aちゃんは物をつくることが大好きなので、夢中になって次々につくり出し、友だちのしていることが目に入らないらしいときには、別に焦る必要はなく、じっくりつくることに集中することを保障していくことを考えましょう。Aちゃんのつくった物を、クラスの皆にみせるなど、ほかの友だちに知らせ、興味をもつ友だちがいればその子と関われればいいですね。もし、友だちと関わることに抵抗があり、あまり得意でない子どもだったら、無理に友だち関係をつけようとするとかえってこじれる可能性があるので見守りましょう。一人でどのような遊び方をしているのか、遊びの内容をみていくことが必要だと思われます。

4　片づけを楽しむ

　「片づけ」という活動は園の一日のなかで繰り返し出てきます。日本の幼稚園・保育所などでは、残念ながら、一つの部屋を遊ぶ、食事をする、寝る、などの保育活動に使うことが多く、そのたびに遊んでいたものを片づけ、次の活動に備えるという事態が起こります。つまり「片づ

け」は、「生活習慣形成」の場面や合間の活動ととらえられることが多く、一見「遊び」にはみえません。ところが、片づけになると張り切る子どもがいます。やることがはっきりみえることで動きやすくなるようです。遊びではなく、「お仕事」のように感じるときに、保育者が「運び屋さんお願いします」「力持ちは来てください」などの声かけで、「荷物は重そうですけど、ありがとう」となったら、子どもたちは活発に片づけを楽しむようになります。

　加用（2003）は「遊びとは、自我の変容を楽しむ活動であろう」といい、子どもが繰り返しを楽しむことの事例を提示しました。そして「みかけは確かに同じことの繰り返しなのですが、子どもにとっては変化なのです」「つまらないと思うことでも自我が変容してしまう」と書いています。また自分の物を片づけなさいといわれて、しぶしぶ片づける場面を取りあげ、「そこには遊びがあるとは考えられないものです。しかし、ときに、子どものほうがなぜか興にのったというか、気分がその気になってきて「今日は○○君が全部片づける！」といい出して、意気揚々と活気に満ちてやり出す（略）これは仕事でありながら気持ちは遊びなのです」と述べています。

　一見遊んでいるとはみえない活動でも、子どもにとっては、自発的で創造的な活動であることがたくさんあります。「みている」「マネする」「じっとしている」「同じことをしている」「当番をする」などの行動のなかでも、子どもは自分らしさを発揮し、活動を楽しみ「遊んで」いるのです。

　さて、みなさんは遊び心を豊かにもつ大人でしょうか？　子どもと驚き、虚構の世界に身を置きつつ、どのような遊びのストーリーを子どもと一緒につくれますか？　子どもと共に在る人として、その時間を楽しむことに心と体を向けていきましょう。

第4節
幼児期において育みたい資質・能力

学習のポイント

「幼児期に育てたい3つの資質・能力」「幼児期の終わりまでに育ってほしい10の姿」について、乳幼児期の遊びを中心にした生活のなかで総合的に育まれることを確認しましょう。

　2018（平成30）年から施行された幼稚園教育要領、保育所保育指針、幼保連携型認定こども園教育・保育要領では、生きる力を育むため「幼児期において育みたい資質・能力」および「幼児期の終わりまでに育ってほしい姿」が示されました（図14-1、P.200）。

幼児教育において育みたい資質・能力の整理

以上 小学校

| 知識・技能 | 思考力・判断力・表現力等 | 学びに向かう力・人間性等 |

※下に示す資質・能力は例示であり、遊びを通しての総合的な指導を通じて育成される。

幼児教育　〈環境を通して行う教育〉

知識・技能の基礎
（遊びや生活の中で、豊かな体験を通じて、何を感じたり、何に気付いたり、何が分かったり、何ができるようになるのか）

思考力・判断力・表現力等の基礎
（遊びや生活の中で、気付いたこと、できるようになったことなども使いながら、どう考えたり、試したり、工夫したり、表現したりするか）

・基本的な生活習慣や生活に必要な技能の獲得　・身体感覚の育成
・規則性、法則性、関連性等の発見
・様々な気付き、発見の喜び
・日常生活に必要な言葉の理解
・多様な動きや芸術表現のための基礎的な技能の獲得　等

・試行錯誤、工夫
・予想、予測、比較、分類、確認
・他の幼児の考えなどに触れ、新しい考えを生み出す喜びや楽しさ
・言葉による表現、伝え合い
・振り返り、次への見通し
・自分なりの表現
・表現する喜び　等

遊びを通しての総合的な指導

・思いやり　・安定した情緒　・自信
・相手の気持ちの受容　・好奇心、探究心
・葛藤、自分への向き合い、折り合い
・話合い、目的の共有、協力
・色・形・音等の美しさや面白さに対する感覚
・自然現象や社会現象への関心
等

学びに向かう力・人間性等
（心情、意欲、態度が育つ中で、いかによりよい生活を営むか）

・三つの円の中で例示される資質・能力は、五つの領域の「ねらい及び内容」及び「幼児期の終わりまでに育ってほしい姿」から、主なものを取り出し、便宜的に分けたものである。

図14-1　幼児教育において育みたい資質・能力の整理
出所：文部科学省「幼児部会における審議の取りまとめについて」（平成28年）

　この資質・能力は、小・中・高と伸びていく力の基礎となるものであり、乳幼児期には子どもの自発的な活動つまり生活や遊びのなかで、育まれていくものです。子どもが自分の興味をもとに、環境に働きかけて、さまざまな活動を行い、感動し、工夫し、疑問をもったり、試したりと、試行錯誤するなかで、育つと考えられます。

【幼児期において育みたい資質・能力】

(1)　豊かな体験を通じて、感じたり、気づいたり、わかったり、できるようになったりする「知識及び技能の基礎」

(2)　気づいたことや、できるようになったことなどを使い、考えたり、試したり、工夫したり、表現したりする「思考力、判断力、表現力等の基礎」

(3)　心情、意欲、態度が育つ中で、よりよい生活を営もうとする「学びに向かう力、人間性等」

【幼児期の終わりまでに育ってほしい姿】

　次の10の姿は子どもの伸びていく姿として、5領域の内容を具体的に示したものです。

(1)　健康な心と体

(2)　自立心

(3)　協同性

(4)　道徳性・規範意識の芽生え

(5)　社会生活との関わり

(6)　思考力の芽生え

(7)　自然との関わり・生命尊重

(8)　数量や図形、標識や文字などへの関心・感覚

(9)　言葉による伝え合い

(10)　豊かな感性と表現

　これらは、3歳以上の幼児教育を行うときに意識していくものとしてとらえられますが、この姿は一つひとつがばらばらに育つものではなく、乳児期および1歳以上3歳未満児の保育においても保育者が意識して育てていく視点だと考えられます。そして、けっしてこの項目で子どもの評価を行うのではなく、保育のなかでこの姿を描きながら、一人ひとりの発達の姿や必要な経験を積めるように保育者が援助することが重要です。

　また、この姿はばらばらにあるのではなく、生活や遊びのなかで総合的にとらえられ、子ども理解につながっていくものといえます。

　小学校以降の学び方と就学前の学び方は、異なりますが、子どもの発達する力の基礎は、乳幼児期には生活と遊びを通しての、具体的で直接的な身体的な経験にあります。自分の興味や関心に沿って、自分の意思や考えで遊ぶこと、ほかの人と関わり仲間と遊ぶこと、物に働きかけ操作してあれこれ試行錯誤することなど、学びの基本が遊びのなかにあるのです。

演習課題

① 　第 2 節の 2 で示した表に「遊びの名前」を書いてみましょう。使う玩具などを考えて、書いてみましょう。

遊びの種類	遊びの名前	使う玩具など
1　機能遊び		
2　想像遊び		
3　受容遊び		
4　構成遊び		
5　知育遊び		

② 　小さいころあなたはどのような遊びをしましたか。その遊びの何が楽しかったのか、考えて発表してみましょう。

【引用・参考文献】

ヨハン・ホイジンガ　高橋英夫訳　『ホモ・ルーデンス』　中公文庫　1973 年

ヨハン・ホイジンガ　里見元一郎訳　『ホモ・ルーデンス　文化のもつ遊びの要素についてのある定義づけの試み』　講談社学術文庫　2018 年

ロジェ・カイヨワ　多田道太郎・塚崎幹夫訳　『遊びと人間』　講談社学術文庫　1990 年

小川博久　『21 世紀の保育原理』　同文書院　2005 年

小川博久　『遊び保育論』　萌文書林　2010 年

小倉直子　「月齢ごとの保育」　学校法人三幸学園子ども未来会議編　吉田眞理監修　『保育する力』　ミネルヴァ書房　2018 年

大嶋恭二他編著　『改訂 保育者のための　教育と福祉の事典』　建帛社　2018 年

川口久雄・志田延義校注　『梁塵秘抄』「日本古典文学大系　73」　岩波書店　1965 年

加用文男　『こども心と秋の空　保育のなかの遊び論』　ひとなる書房　2003 年

関係学会・関係学ハンドブック編集委員会編　『関係学ハンドブック』　関係学研究所　1994 年

菊地篤子　「子どもの発達に応じた玩具」　学校法人三幸学園子ども未来会議編　吉田眞理監修　『保育する力』　ミネルヴァ書房　2018 年

厚生労働省　『保育所保育指針　解説書』　フレーベル館　2008 年

宮川萬寿美・神蔵幸子編著　『生活事例から始める――保育の心理学　改訂版』　青踏社　2018 年

森上史朗・柏女霊峰編　『保育用語辞典　第 8 版』　ミネルヴァ書房　2015 年

文部科学省編　『平成 29 年告示　幼稚園教育要領』　チャイルド本社　2017 年

文部科学省「幼児教育部会における審議の取りまとめについて（報告）」

第15章

乳幼児期の遊びを支える保育実践

「主体的に遊ぶ」ということ、「楽しさ」はどこからくるのか、大人たちが子どもをどのような存在ととらえているか、などの視点から、実際の保育実践に学びます。

第1節
「遊び」のなかで「学ぶ」保育実践

学習のポイント
1年を通じファンタジーの世界の住人とのやりとりをした実践、「におい」をテーマに展開した実践、2つの実際の保育実践を紹介します。

1 忍者「影丸」との1年

ある保育園での実践を紹介しましょう。

この園では毎年5月から7月にかけて、異年齢グループ（3、4、5歳児）での活動を定期的に行い、7月に「カレーライス会」という行事を行っています。班長、副班長を中心に子どもたちが話し合いながら自分たちで考え、計画し、活動する中で、年長児にはリーダーとして育つ機会が用意されます。年中児にはリーダーたちへのあこがれの気持ちをもちつつ自分で考えながら活動をやり遂げる機会が、そして年少児にはメンバーの一員として経験を積む機会が用意されます。

●実践記録 1：忍者「影丸」との出会い

普段の年齢別クラスでの活動とはまた違い、最初はちょっぴり緊張もしている子どもたちですが、何度かこの縦割りグループで遊んだり、誕生日会で出し物をしたり、グループで一緒に散歩に行ったりするなかで、縦割り活動にも慣れてきます。

そんなある日、園庭に火薬の爆発音とともに忍者「かげまる」が登場。手裏剣を投げ、なにやら巻き物を持参し、先生に渡すと、側転をしてかっこよく去っていくのです。

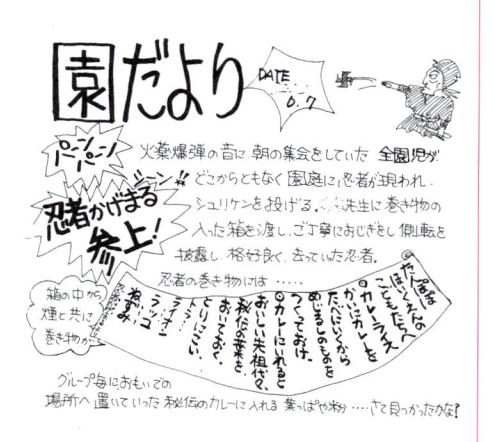

巻き物には忍者から各グループへの指令が書かれており、年長児の班長さんたちが指令を読みます。トラグループには『さわがにがたくさんとれたところ』。ライオングループには『あやのくつがながされ

たところ』。ネズミグループには、『ちょうちょとあおむしをつかまえたところ』。『おじさんがへびをみてにげだしたところ』。それぞれのグループ活動での、思い出の場所。

　あ、あそこだ！とすぐにわかり、ダッシュで向かう子どもたち。向かう途中で出会った人に大興奮で忍者の話をする子どもたち。「あのね、忍者来たんだよ」「これ手裏剣」。保育園の子どもたちのことをよく知っている近所の方も、話を合わせて対応してくれます。「どうして忍者は靴が流されたことを知ってるんだろう」、といぶかる子ども。「あそこからみてたんじゃない？」とそれらしい屋敷に見当をつける子ども。火薬のにおいを警戒して、指令を受けた場所でみつかった秘密の粉（カレー粉）やスパイスに決して触ろうとしない子ども。「あれ本物かな？」最後まで忍者の真偽を疑う子ども。

　いずれにしても、子どもたちの興奮と大人たちの遊び心が、ワクワクドキドキの展開を誘います。

　次の縦割り活動のときには、「めじるしになるもの」として、旗づくりをしました。ネズミグループは「布だとハタハタして山からみえない」「えー、布がいい」という意見が出て、協議の結果、段ボールに布を張り付けることに。「ネズミグループってわかるように、ネズミの絵を描いておけばいいよ」「こっちですって矢印書けばわかるんじゃない？」話し合いながら活動は進みます。

　雨の日は忍法「石に変化」（体をぎゅっと石のように丸めてみつからないようにじっとする）、忍法「風の術」（風のように駆け抜ける）、敵から身を守る方法、悪いやつらにつかまえられた先生を救出する（！）など、忍者修行も重ねました。

　ちょうど「忍者屋敷」の総合学習をしていた小学校に遠足で訪問し、４年生と交流もしました（卒園児であるきょうだいが通っていたり、保護者が学校の先生だったり、地域の情報網はばっちりです）。まだ完成

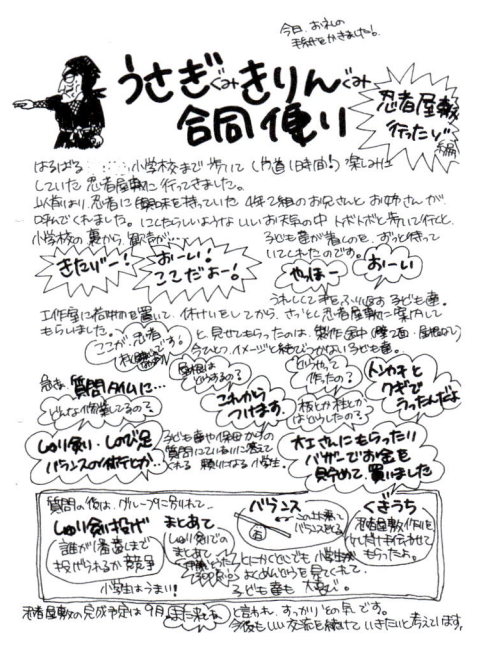

していない忍者屋敷に今一つイメージがわかない子どもたちでしたが、小学生に手裏剣投げを教えてもらったり、釘打ちを手伝わせてもらったりして大興奮です。帰ってきてからはお礼の手紙を書きました（９月には小学生が保育園を訪問してくれ、運動会の競技、戸板登りを一緒に試します。忍者屋敷が完成した１月には招待状をもらい、また園から遊びに行きました）。

　さて、カレーライス会もいよいよ近づいてきました。何カレーにするか、グループで話し合い、家庭からそれぞれ材料をもち寄る分担を決めます。ネズミグループは「シーフードネズミカレー」、らっこグループは「タコさんカレー（肉団子にウインナーを指してつくったタコさんをトッピング）」、トラグループは、メンバーの一人がどうしても入れると主張したトウモロコシが主役の「トウモロコシカレー」といった調子です。

　４グループの班長さんたちは、近くのスーパーにカレールーをお買い物に行きました。ルーが並ぶ場所に直行して（普段よく行くお店なのでしょう、店内をよく知っています）座り込み、どれがいいかなと悩みつつ選んで、２箱ずつ買います。「小さい袋４つください」とレジの人にお願いして、それぞれ自分たちのグループのルーを大事にもって帰りました。

　１週間前になると、保育園の裏山に薪取りに行き、枝をいっぱい拾ってきます。細い枝をたくさん集める年少児。年長になると太い枝を集めて悪戦苦闘してしばりあげ、文句もいわずに保育園まで担いで帰ります。よく燃えるようにと、乾いた葉がいっぱいついた枝を選ぶ子もいます。「これでカレーライスつくるんだよね」、今年初参加の年少児たちも、よくわかっています。

　かまどの場所を決めて石を並べて火床を少し掘り、鍋を置く準備もできました。

　給食室と相談し、大丈夫といわれた食材は前日に自分たちで下ごしらえ。野菜の皮をピーラーでむいたり、包丁で切ったりします。園でもクッキングの経験は積んでおり、おそらく家庭でも経験があるのでしょう。手際のよい子もいますが、新入園児などはじめて包丁を使う４歳児もいます。「猫の手だよ」「刃はまっすぐ」「ゆっくりね」「刃にくっついちゃった野菜は、包丁の背のほうから取るんだよ」など約束をして、慎重に切ります。材料の準備もばっちりできて、当日を迎えます。

　「影丸さんみててね、がんばるぞ、エイエイオー！」と皆で気合を

入れ、いよいよカレーライス会の始まりです。班長さんはマッチで火を付ける係。なかなか付かないけど、グループのみんながスクラムを組んで風よけになり、なんとか火が付きます。年少児は飽きてくるとふらふらと探検に行ったりもしますが、その後も年長児は責任をもって汗をぬぐいながら鍋をかき回し、付きっきりで仕上げます。野菜や肉をいため、水を入れて煮込み、「そろそろいいんじゃない？」とルーを投入。影丸さんにもらった魔法の粉やスパイスなども大活躍です。

　各グループのカレーが出来上がりました。たらふく食べて、ほかのグループのカレーも味見し、自分のグループのが一番おいしい、といい合いますが、影丸さんはなかなか来てくれない。仕方がないので、4 グループのカレーをまとめておいて片づけようとしていると、また爆竹の音がして、影丸さんがさっとみんなのカレーをもって、橋を渡って消え去っていきました……。

　この後も、子どもたちと忍者「影丸」さんとの交流は続き、夏のお泊り保育で影丸さんから肝試しの挑戦状をもらったり、10 月の運動会には手甲をもらって戸板登りを頑張ったり、2 月の劇ごっこで忍者になったり、3 月の卒園式には「影丸」さんからメッセージをもらったりするのですが、詳細は控えます。子どもたちのワクワクドキドキもさることながら、お便りや連絡帳を通じ、保護者や地域の方たちも巻き込んだまわりの大人たちのワクワクドキドキも伝わる実践です。

2　ファンタジーの登場人物との交流

　このような、主に 5 歳児を中心に「ファンタジーの登場人物」との交流を行っている保育実践は全国さまざまにあり、河童や天狗、海の大王、やまんばやトロル、小人など、地方色豊かなキャラクターとの交流だったり、「エルマーのりゅう」や「へなそうる」「ロボットカミイ」「ガリバーの孫」など、絵本や児童文学の登場人物との交流だったりします。なかには、3 歳児のお散歩のときに公園で拾った「ズボンオバケ」との交流を 3 年間続けたところもあります。

+α

実践記録の詳細は、以下を参照のこと。

「エルマーのりゅう」
岩附啓子・河崎道夫『エルマーになった子どもたち　仲間と挑め、心躍る世界に（ひとなる保育ライブ）』ひとなる書房 1987 年

「へなそうる」
斎藤桂子・河崎道夫『ボクらはへなそうる探険隊　自然の中で夢を育む北上の子どもたち（ひとなる保育ライブ）』ひとなる書房 1991 年

「ロボットカミイ」
加藤繁美『0〜6 歳　心の育ちと対話する保育の本』Gakken 2012 年

「ガリバーの孫」
吉田直美『みんな大人にだまされた！』ひとなる書房 1998 年

「ズボンオバケ」
加用文男『幼児の想像遊びにおける多視点態度性』心理科学　第 30 巻 2 号　萌文社 2010 年

　　園の給食を 2 階に上げる小さいエレベーターの扉のなかに住んでいる小人との交流。海辺の園の守り神である亀仙人からの巻き物が来て、暗号を解くと、目の前の島に探検に行くための引き潮の時間がわかる。園の玄関の門柱にくくりつけられていた風船のなかに手品師からの手紙が入っており、最初は文字が小さすぎて読めないが、魔法のコピー機にかけると内容がわかる。

　　園ごと、年度ごとで子どもたちの興味にそったテーマが選ばれ、子どもたちをその気にさせるしかけや工夫が凝らされます。そこまで年間を通した取り組みでなくても、クリスマスのサンタクロースや、節分の鬼など、季節の行事でファンタジーの世界を楽しんでいる保育実践も多いでしょう。

　　子どもたちは最初は半信半疑かもしれませんが、実際にその存在を目にしたときや、存在の確かな証拠を手に入れたときの興奮は本物です。仲間と一緒に数々のハプニングや困難を乗り越えていくなかで仲間との絆も深まり、かけがえのない楽しい思い出が経験や知識となって子どもの心に蓄積されていきます。

3　プロジェクト・アプローチ

　　一つのテーマから、子どもたちが遊びのなかで知的好奇心を膨らませ、追及していくような保育実践もあります。プロジェクト・アプローチ（プロジェクト活動）として、対話と共同的な「学び」がカギとなる実践です。ここでは「におい」をテーマにした実践を紹介しましょう。

●実践記録 2 ：「におい」を求めて

　　4 月のある日、担任が春を感じてもらいたいと、スイセンの花をもってきました。それを花瓶にいける役を買って出た M ちゃんが、「何かいいにおいがする！」と気づきます。まわりの友だちも「いいにおい！」「私もかぎたい！」と入れ代わり立ち代わり「におい」を楽しみます。

　　ちょうど保育室にあった植物遊びの絵本に、花を使った香水のつくり方が載っており、つくってみました。小瓶に水と花を入れ、一晩おきます。絵本にはミカンの皮でのつくり方も載っていたので、給食室でミカンの皮ももらってきました。何人かの子どもは家でもオリジナ

ルの香水を試したようです。たくさんの香水ができて、大喜びです。

　1週間ほどたつと、手づくり香水のにおいが変化してきました。「変なにおいがする」「ミカンのにおいだったのに焼きミカンのにおいになった」。日がたつにつれ強烈な悪臭に変わり、カビも生えてきました。どうして本物の香水はにおいが変わらないのに、自分たちの香水は臭くなったのか。子どもたちは「薬やせっけんが入ってるんじゃない？」「『においの神様』が入ってるんじゃない？」と推測します。

　腐らない香水がつくりたいと思い始めた子どもたちは話し合いを始め、図書館で調べる、おうちの人に聞いてみる、もう一回つくってみる、などの意見から「香水屋さんに聞いてみる」ことにします。どこに香水屋さんがいるのかわからないのでおうちの人に聞いてくることにすると、化粧品屋やスーパーという答えのなかで、香水の専門店の存在を聞いて、地図まで用意してきた子がいました。園から30分ほどかかるため、立候補した4人の年長児で出かけます。

　事前にみんなから出たたくさんの質問をメモし、腐ってしまった自分たちの手づくり香水も持参します（専門店に出かけることが決まってから、担任は事前に店を訪れて事情を説明し、日程調整をします）。専門店ではたくさんの素敵なにおいを体験させてもらい、みんなから出た疑問点について、質問もします。腐らないためにはアルコールを使うとよいというアドバイスをもらい、4人は忘れないように「アルコール、アルコール」と念仏のように唱えながら園に帰りました。

　園では、おうちからいろいろな種類の香水をもち寄って、においを楽しんだり、におい袋をつくったりします。自分たちでもやはり本物の香水をつくってみたいという思いが強まり、薬局にアルコールを買いに行きます。調査が進むうちに本物の香水には高価な精油が必要とわかり、担任は悩みますが、無水エタノールでハーブエッセンスをつくることはできました。

　その後、活動は飼育していたカブトムシの土の「臭いにおい」への気づきから、身の回りのさまざまなにおいへと広がりました。花、レストラン、焼肉屋さんなどの「いいにおい」、トイレ、ウンチ、カメムシ、ごみ箱、ガソリンスタンドなどの「臭いにおい」があることに気づきます。散歩先でも理髪店、お弁当屋さん、クレープ屋さんなど、街中のさまざまなにおいをみつけてくるようになりました。活動は地域の「におい探し」の町探検へと発展し、「探検カード」をもって調査は続きます。

　すると、焼肉屋さんで「韓国」という文字が目に入りました。ちょ

うど韓国に家族旅行に行った子がいて「韓国」熱が高まり、家から韓国の写真が載っている本をもって来たり、ままごとでキムチなべをつくったり、不織布でチマチョゴリをつくったり。給食室が本格キムチをつくってくれて、その辛さにもかかわらず、ほとんどの子どもがおかわりします。

　その後はキムチづくり、自分たちでの白菜栽培、たい肥づくり、肥料となる馬糞から「人間のウンチ」へと興味は広がり、下水道について調べる活動にまで発展していきました。

　子どもたちの興味・関心は尽きるところを知りません。保育士が「におい」について学ばせようと主導して周到な準備をしても、決して実践記録2のようには展開しないことがわかるでしょう。行きづまることもありますが、自由度のある豊かな時間と環境のなかで自ら遊び、探究することで、点と点がつながり、さまざまな気づきがあります。そして子どもたちのちょっとしたつぶやきや疑問、発見や驚きに保育者は丁寧に寄り添い、保護者や給食室、地域にたくさんいるさまざまな専門家を巻き込みながら、活動が展開します。

　モノや人と対話しながら、主体的な「遊び」のなかで子どもたちはさまざまなことを学んでいくことがわかります。

第2節
「子どもの主体性」と「大人の対等性」

学習のポイント
遊びの「楽しさ」はどこから来るのか、保育者主導の一斉指導とどこが違うのか、子どもと一緒に「面白がる」ことのできる大人の立ち位置はどこか、考えてみましょう。

1 遊びの「楽しさ」はどこから

これらの実践は、まさに「子どもが環境に関わって展開する具体的な活動を通して」5領域が「総合的に指導」されている一例といえるでしょう。そのなかには、「幼児期の終わりまでに育ってほしい10の姿」も、具体的な子どもたちの姿やエピソードとしてあちこちにみられます。

本節においてはこれらの実践に共通するキーワードを、「子どもの主体性」と「大人の対等性」として、心理的な側面から検討します。

まず「子どもの主体性」について、考えてみましょう。前節において、子どもにとって遊ぶとは、「自発的な取り組みであってそれ自体が楽しい経験」であると定義されました（→第14章）。楽しくなければ「遊び」とはいえません。この「楽しさ」のなかに、「主体性」のヒントが隠されているようです。

保育者主導の一斉保育で一律の「遊び」を「させられる」のとどこが違うのか、もう少しわかりやすい製作活動の事例で考えてみます。

事例1 6月の絵

ある園の4歳児クラス、季節の取り組みとして6月にアジサイの製作をすることにしました。保育者は、アジサイの花の部分は折り紙をちぎって貼るちぎり絵にしようと考え、青と紫とピンクの折り紙を短冊に切って人数分、用意します。花の台紙は水色の画用紙を楕円に切り、葉は一人2枚ずつ、緑の画用紙で用意しました。

「今日はアジサイをつくります」と子どもたちに伝えます。保育者があらかじめつくっておいたモデルを示し、順番にやるべきことを子どもに説明します。折り紙の短冊を何枚ずつ取るか聞

いていなかったAくんが青ばかりもっていくのでB子ちゃんが「先生！Aくんが！」と訴えます。Cちゃんがちぎった折り紙の色のついたほうに糊をつけて全部裏返しに貼って、「白いアジサイー！」といっていますが、全部はがして直させました。Dちゃんが、葉っぱが一枚足りない、と騒いでいますが、よく探すようにいうと、足元に落ちていました。Eくんは葉っぱを花の上に重ねて貼ろうとしているので、「先生のモデルをよくみてください、どこに貼るんだっけ？」と確認させ、正しい位置を示します。

事例2　アジサイ公園

　ある園の4歳児クラスの6月、雨上がりのアジサイ公園にお散歩に行くと、子どもたちの背より高い大株のアジサイがいくつも咲き誇っていました。近所の方も犬の散歩に来ていて、農道をすれ違うときにはワンちゃんにもあいさつします。

　濃い紫、空色、ピンク、白い大きなボールのようなアジサイ、花火みたいにピョンピョンと飛び出している水色の花もありました。初めてみる、流れ星のように先がとがって垂れ下がっているアジサイもあります。

　保育者が「先生はこれがいい！」と一つ選ぶと、子どもたちも「私もこれ」「ピンクがいい」「俺はこれ！」とあちこち走り回って選びます。そのうちAくんが田んぼの畔をふみはずしました。泥んこになった靴と靴下と足を洗い、濡れた靴をガポガポいわせながらみんなで帰ります。帰園して、図鑑でアジサイの種類を確かめている子もいました。

　数日後、野菜のスタンプで遊んでいると、オクラの星形をみてBちゃんが「アジサイみたい！」と叫びます。「お、ほんとだね」と、新しい紙を出して、この前それぞれ自分が選んだアジサイを描くことにしました。「きれいなピンクをつくって！」と保育士に絵の具の色を要求する子。「赤と白を混ぜるんだよ」と助け舟を出す子。先日の図鑑を引っ張り出す子。濃い色画用紙に白い絵の具をキュウリでたくさん押し、白アジサイを表現している子もいます。Aくんはアジサイの花ではなく、泥色の靴の足跡をジャガイモで押していました。

　2つの事例はともにアジサイの絵を製作していますが、「子どもの主体性」という点からみて、その違いはどこでしょう。

　事例1の活動を主導するのは保育者です。（アジサイの絵を描きたい）という気持ちは子どもにはなく、保育者から与えられた課題でした。アジサイのイメージは保育者の頭のなかにあり、視覚的支援として完成像のモデルもつくられています。比較的短時間で一斉に同じ作業をすることで見栄えがほぼ同じの「作品」が量産され、子どものアジサイのイメージが先生のモデルから逸脱すると叱られます。保育者が主に考えているのは段取りよく仕事をこなすことであり、子どもの思いに寄り添う言葉は皆無です。

　果たしてこれは「遊び」といえるでしょうか。「製作」活動であるかもしれませんが、子どもたちの「表現」となっているでしょうか。「遊び」でないとしたら、なぜでしょう。それは、子どもたちの思いや言葉が最初から最後まで無視されていること、それ故に全く「楽しくない」からです。

　事例2では、アジサイの製作に結実するまでに、数日かけた実践となっています。アジサイをみに公園に行った時点で保育者の頭のなかに明確にその後の展開があったかどうかはわかりませんが、豊かな体験を積み重ねておくことが、どこかで「表現」活動につながるかもしれないということは予測していたでしょう。

　公園では子どもたちはもちろん、保育者自身もびっくりするようなたくさんの発見があり、クラスの仲間にそれが言葉で共有されています。地域の人との交流も、ハプニングもあり、みんなの「楽しい」気持ちの高まりがうかがえます。そして保育者は野菜スタンプでの子どものつぶやきを逃さず、「表現」の機会をつくります。

　子どもたちの「描きたい」という思いを引き出す実体験と、一人ひとりのアジサイのイメージが大事にされ、結果として表現されたものが「どろんこの靴」であっても、否定されることがありません。

　まずはきらめくような、仲間との「楽しい」時間がたっぷりとあることが大事なのです。そのなかから子ども自身の「発見」や「学び」があり、自分のなかに落とし込んだものが、さまざまな「表現」として表出される。そう考えると、「表現」や「製作物」はたくさんのきらめく楽しさや経験の「結果」に過ぎないと考えることができます。「表現」や「製作物」のために子どもの毎日の生活があるわけではなく、まずは楽しい「遊び」です。着替えや排泄、給食や昼寝といった生活それ自体のなかにも、きっと遊びに満ちた時間が流れていることでしょう。

2　大人の対等性

　もう一つのキーワードは、「大人の対等性」です。子どもを「指導・管理しなければならない無知な存在」とみるのではなく、かといっていいなりになるわけではなく、大人の側に、子どもたちが本来もっている力や多様さへのゆるぎない信頼がある、ということです。

　加用（2015）は教育や保育の人間関係においては、人に対して倫理や教訓を説く「上から目線」と、同じ地平に立って考えようとする「対等目線」の違いがあり、後者からは子どもと一緒に子どもの行動を面白がる人間関係と実践が生まれる、といいます。子どもの行動を「面白がる」とは、ばかにして笑うことではありません。大人が自らの「常識」にとらわれず、それを軽々と超えていく子どもたちの豊かな発想や行動に「そうきたか」と面白がることができる柔軟性をもつことです。

　これは忙しい保育現場で日々の保育に追いたてられる保育者には想像以上に困難な場合があり、保育者集団の力と保護者の理解も必要です。一般には、規律やルール、「正しい」知識を教え、指導することこそが、保育者・教師の仕事であると思われているからです。

　実は、ただ指導するなら管理したり、命令したり、失敗しないようあらかじめ手順を説明するほうが簡単ですし時間もかかりません。しかし、本来子どもたちは、自分でたくさんの試行錯誤をし、失敗経験から学び、自ら新しい知識を発見していける力、オリジナルな「表現」活動から新しい文化を創造していける力をもっています。その環境を整え、試行錯誤や失敗ができる時間とそれが許される仲間関係を確保することのほうが大変なのは、紹介した実践例からも明らかでしょう。

　「大人の対等性」についてもう一つ指摘しておきます。近年、ペアレント・トレーニングやティーチャーズ・トレーニングなど「褒めて育てる」子育てが主流ですが、赤木（2018）は「褒めて育てる」ことは大事だけれど、大人の都合に子どもを従わせるための技術としてそれを使用することへの警鐘を鳴らします。「すごいね」と褒めるのも、そこに「上から目線」が含まれているか、相手の心からの「感動」が含まれているかは、言葉がない小さい子どもや障害の重い自閉症児でも敏感に感じとります。口先だけでない、心からの「感動」を表明するには、一人ひとりの子どもの思いに深く寄り添うこと、そしてその前提として子どもの発達段階（や障害特性）をより深く理解することが必要です。それぞれの発達段階における子どもの「すごさ」に感動することができれば、目の前の子どもの「すごさ」も実感をもってわかるのではないかと思います。

+α

ペアレント・トレーニング

応用行動分析の手法に基づきアメリカで1970年代に開発されたプログラムで、発達障害などの子どもへの対応に苦労する保護者が「ほめ方」「叱り方」「指示の出し方」などを学ぶもの。通常8〜10回程度のセッションで実施される。

ティーチャーズ・トレーニング

ペアレント・トレーニングの手法を現場の教師向けに応用し、教育や保育における子どもへの対応に困難を感じている教師・保育者が子どもへの対応の原則を学ぶプログラム。

第3節
子どもと「遊び」

学習のポイント
子どもの権利条約で保障される「遊びの権利」とはどんなものか、それを実現するための保育実践とはどんなものか、考えてみましょう。

「子どもの権利条約」は、1989年に国連総会において採択され、日本は1994年に批准しました。その第31条は子どもの「遊びの権利」として、子どもが「その年齢に適した遊び及びレクリエーションの活動」を行うことを認め、締約国がそのための適当かつ平等な機会を提供することを求めています。

河崎（2008）は、現代日本のような「経済的には豊か」な社会において、生活は豊かになり、子どもでいられる時間も長くなっているにもかかわらず、「競争に勝ち残らなければ」ならず、そのために「小さいころから能力を身につけなければ」ならないという論理によって、時間、空間、仲間が奪われ、子どもが遊ぶための環境と安全性が破壊され、「子どもが遊べない」状況が生まれていることの歴史的な異常さを指摘します。

そのなかで保育はどのような役割を果たすのか。少し長くなりますが、最後に引用します。

> 「しかしながら日本の保育は、このような時代状況、社会の構図を本質的に転換していくような保育実践を生み出してきました。太陽の光をあび土と水にまみれて楽しさにふけり、野菜を育て、小動物と遊び、食べるものを自らつくりだして喜びを獲得する。地域の自然や文化を取り入れた伝統的な遊びに目を輝かせ、全身と想像力、思考力を働かせる探検や冒険に心を躍らせる。そんな生活が子どもたちの人間らしい成長にとって必須であることを実践によって示してきたといえるでしょう。」

こんな保育実践をすべての子どもたちへ届けたい、それを可能とする保育環境を皆でつくり上げていきたいと思います。

重要!!

子どもの権利条約
日本では「児童の権利に関する条約」として訳される。18歳未満の子どもを権利主体と位置づけ、大人と同様一人の人間としての人権を認めるとともに、発達過程で特別な保護や配慮が必要な子どもならではの権利も定めている。

第31条「遊びの権利」
正確には第31条は「休息及び余暇についての権利」と「文化的な生活及び芸術に自由に参加する権利」を認めたもの。つまり、子どもには休むこと、遊ぶこと、そして文化や芸術にふれる権利があるということ。

演習課題

① 「影丸」と「におい」の２つの実践について、「健康」「人間関係」「環境」「言葉」「表現」の５領域や「幼児期の終わりまでに育ってほしい 10 の姿」からみてみると、子どもたちはそれぞれどの場面でどんな経験をしているか、みつけてみましょう。

② 「生活」のなかで子どもの主体性を大事にする方法について、たとえば「給食」「排泄」「睡眠」などの場面ごとに考えてみましょう。

【引用・参考文献】

赤木和重　『目からウロコ！驚愕と共感の自閉症スペクトラム入門』　全障研出版部　2018 年

加用文男　『保育の中の遊び論 子ども心と秋の空』　ひとなる書房　1990 年

加用文男　『保育の中の遊び論２　遊びの保育の必須アイテム』　ひとなる書房　2015 年

河崎道夫　『あそびのちから』　ひとなる書房　2008 年

「実践１『におい』から広がる興味の世界」仁慈保幼園（鳥取県）、（大豆生田啓友 編著「『子ども主体の共同的な学び』が生まれる保育」より要約・抜粋　Gakken　2014 年

たんぽぽ保育園（神奈川県小田原市）2000 年度、園だより等より、要約・抜粋

さくいん

編著者・著者紹介

●編著者

大浦 賢治（おおうら　けんじ）

三幸学園小田原短期大学

保育学科通信教育課程 特任講師

［執筆担当］第 1 章／第 2 章／第 3 章／第 4 章／第 6 章／第 7 章

●著者（五十音順）

小倉 直子（おぐら　なおこ）

三幸学園小田原短期大学 保育学科専任講師

臨床心理士

［執筆担当］第 5 章／第 9 章／第 10 章／第 15 章

杉﨑 雅子（すぎざき　まさこ）

三幸学園小田原短期大学 保育学科専任講師

臨床心理士　学校心理士スーパーバイザー

［執筆担当］第 8 章／第 11 章／第 12 章／第 13 章

宮川 萬寿美（みやかわ　ますみ）

三幸学園小田原短期大学 保育学科 教授

乳幼児研究所 所長

［執筆担当］第 14 章

編集協力：株式会社エディット

本文イラスト：こまつちひろ・モリアート

レイアウト：株式会社千里

実践につながる 新しい保育の心理学

2019 年 3 月 20 日　初版第 1 刷発行　　　　　　　〈検印省略〉

定価はカバーに
表示しています

編 著 者　　大　浦　賢　治
発 行 者　　杉　田　啓　三
印 刷 者　　中　村　勝　弘

発行所　株式会社　ミネルヴァ書房
607-8494　京都市山科区日ノ岡堤谷町 1
電話代表　(075) 581 - 5191
振替口座　01020 - 0 - 8076

中村印刷・清水製本

ISBN978-4-623-08584-2
Printed in Japan

よくわかる！
保育士エクササイズ

全5巻／B5判／美装カバー

①保育の指導計画と実践 演習ブック

門谷真希／山中早苗 編著　北村麻樹／辻柿光子／南 真由美／門谷有希 著　本体2200円

②子どもの保健 演習ブック

松本峰雄 監修　小林 玄／桜井ますみ／長谷川美貴子／堀田正央 著　本体2200円

③子どもの食と栄養 演習ブック

松本峰雄 監修　大江敏江／小林久美／土田幸恵／林 薫／廣瀬志保 著　本体2500円

④保育の心理学 演習ブック

松本峰雄 監修　大野雄子／小池庸生／小林 玄／前川洋子 著　本体2200円

⑤乳児保育 演習ブック［第2版］

松本峰雄 監修　池田りな／才郷眞弓／土屋 由／堀 科 著　本体2500円

★ 別巻DVD ★

乳幼児を理解するための保育の観察と記録

学校法人西大和学園　白鳳短期大学 監修　本体25000円

ミネルヴァ書房

http://www.minervashobo.co.jp/